バングラデシュ
国づくり奮闘記

アジア「新・新興国」から日本へのメッセージ

池田洋一郎
Yoichiro Ikeda

英治出版

リキシャがひしめくダッカ市内。よりよい明日に向かって人々はひたむきに前進し続ける。
Thierry Falise / LightRocket via Getty Images

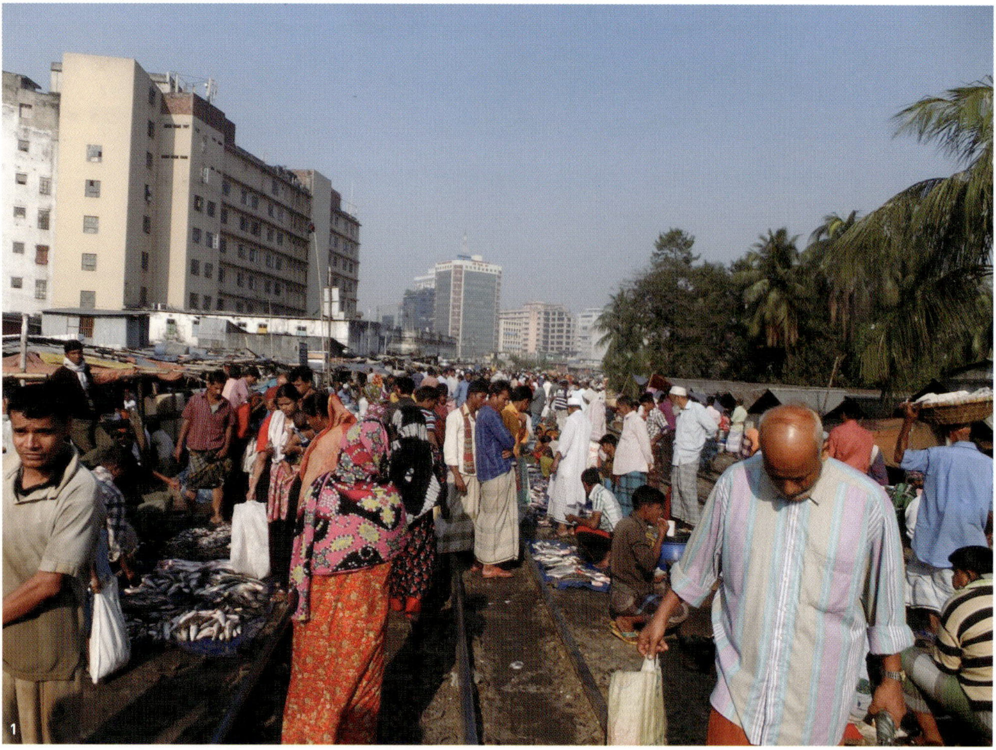
1

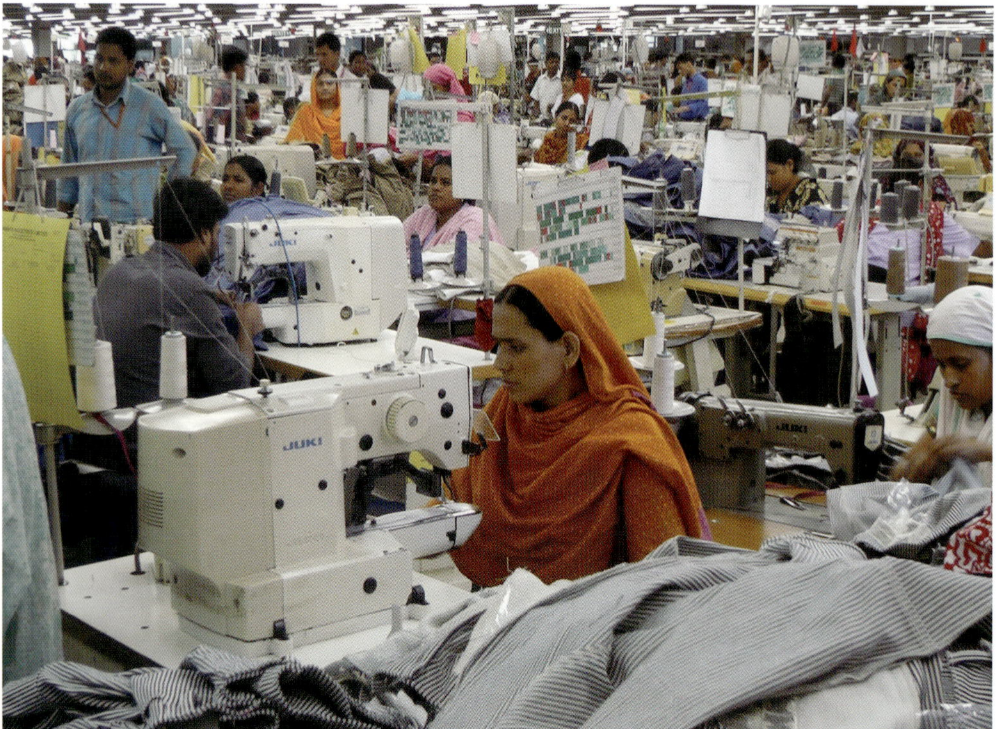

2

1　線路脇に市場や食堂、そして住居がひしめく活気に満ちた朝のカウラン・バザール。15分おきに列車も通る。(第1章)

2　縫製工場の様子。縫製業はバングラデシュの基幹産業であり輸出額では中国に次ぐ世界第2位だ。

3　農村の美しい田園。稲穂が整然と並ぶ水田は半世紀前に日本人農業技術者の指導に寄って普及した。

4　稲の収穫の様子。実り豊かなベンガルの大地は、古来から「ショナール・バングラ(黄金のベンガル)」と称されてきた。

5　アナンダ・スクールで学ぶ子供たちと。小学校に通えなかった、あるいは退学した子供たちのための学校だ。(第4章)

1　スラムの家庭を訪問。2年間の滞在中、200以上の村々を回ったほか、ダッカ市内のスラム家庭にも多数お邪魔して話を聞いた。

2　路上を埋め尽くすリキシャ。

3　1杯5タカ（約5円）のお茶を楽しむ。ドカン（茶屋）での茶飲み話は、バングラデシュ人が最も愛するリクリエーションだ。

4　メガシティ・ダッカのゴミ問題は深刻だ。数々の取り組みが始まっている。（第5章）

5 バングラデシュは河の国。人々は大海と見紛うような大河とともに生きる。

6 最も燃費の良い車は？ 学生たちが実力を競うエコラン全国大会（第3章）。スタート前の様子。

7 エコラン全国大会で走行を見守る大河原さん。この一大ムーブメントの仕掛人である彼は、若者に「ものづくり」の楽しさを伝えるために全国を駆け回った。

8 出発前に車体を調整する学生たち。未来の「技術立国バングラデシュ」の担い手だ。

Kazi Sudipto Rahman / Flickr Vision / Getty Images

1　ダッカ市の中心部シャハバグ広場に集まった人々。2013年2月、独立戦争時に端を発する「戦犯問題」が全国民を騒動に巻き込んだ。(第10章)

2　シャハバグ・ムーブメントの精神的支柱、ジャハナラ・イマムの肖像の前で、戦犯への死刑を求めて絶叫する若者。

3　シャハバグ広場に掲げられた巨大な国旗。戦犯への死刑を求める群衆は数万人の規模に達した。

4　2013年4月5日、シャハバグ・ムーブメントに反発する宗教組織ヒファジャット・イスラムの40万人もの大群衆がダッカに集結。国内は極度の緊張に包まれた。

5　2013年4月24日、ダッカ郊外サバールの8階建てビルが倒壊。ビル内の縫製工場の労働者ら1127人が死亡する大惨事となった。(第8章)

Raa Jonathan / Flickr Vision / Getty Images

Bloomberg via Getty Images

1　「戦犯問題」に激昂した過激派は、ヒンドゥー教徒のコミュニティを襲撃。著者は有志の協力を得て、被害を受けたノアカリの村への支援に乗り出した。義捐金は、たとえば大学生ビカッシュ君の未来への投資となる教科書代に使われた。(第11章)

2　突然の竜巻により末の娘と資産のほとんどを失ったダナ・ミヤさん。義捐金でオートリキシャを修理し、悲しみを乗り越え仕事を再開。「行ってきます」とさっそうと出発する。(第12章)

3　線路脇で暮らす子供たちと。カウラン・バザールは子供たちの笑顔と人々の活気で満ちている。(第1章)

prologue | What brought me to Bangladesh?

何が僕を
バングラデシュに
連れてきたのか

　2011年7月31日。うだるような熱気とジットリとした湿気が、ダッカの空港に降り立った僕を包んだ。これから勤務することになる世界銀行のバングラデシュ現地事務所の所長との面接を受けるために、初めてこの国を訪れたのは4ヶ月前の3月。あのとき空港で大挙して出迎えてくれた、いまいましい蚊どもの姿は、なぜだか今日は見当たらない。バングラデシュでは、高温多湿な夏よりも、数ヶ月間雨が一滴も降らず気温が10度以下にまで下がることもある冬場に蚊が大発生することを学んだのは、それから半年以上過ぎてからだった。

　入国審査を待つ長蛇の列は一向に短くならない。列のはるか先には、同僚と雑談をしながら、入国者の情報を緩慢にタイピングする審査官の姿がある。そんな彼らをぼんやりと見つめながら考えていた。

　いったい何が自分をここに連れてきたのだろうか。

　財布に入っている一枚の紅い10タカ紙幣。米国留学中だった2007年の夏、休暇を利用してインドのNGOで2ヶ月間インターンとして働いたとき、同僚だったバングラデシュ人の若者が「記念に」とくれたものだ。まさかこの皺くちゃの紙幣が、僕をここにつれて来たというのか……。

慣れ親しんだ日本での生活、大いに楽しんでいた財務省での仕事を離れ、なぜ、バングラデシュという右も左もわからない国で、そして世界銀行という、勝手がわからない組織に飛び込もうと思ったのか？　東日本大震災からの復興をはじめ、日本が直面するさまざまな難題の解決に汗をかくべき国家公務員という立場をいったん離れ、"貧困のない世界"という夢を追求する国際機関、世銀での勤務を、自分はどうして希望したのだろうか？　しかも、バングラデシュという日本から近いとはいえない「最貧国」で。

　実際、30代半ばの職員を、世銀の、かつバングラデシュのような途上国の現地事務所に送り込む人事は、財務省・大蔵省の歴史を振り返ってみても例のないものだった。自分の希望とはいえ、前例も、前任者も、引継ぎ書も、何もない、新しい旅の始まりを前に、「自分はどうして世銀、そしてバングラデシュでの勤務を選択したのか」問い続けている自分がいた。

　もちろん、それらしい理由はいくつかあった。世界中からさまざまな分野の専門家が集まる世銀での"他流試合"を通じて、同じ組織にいたのでは得られない、多様な視点や考え方を身につけたい。日本国内にとどまらず世界規模の課題に取り組みたい。「アジアの最貧国」の過酷な現実を少しでも改善するために貢献したい。そして、そうした経験を糧にして、日本の国づくりによりいっそう貢献できる人材になりたい……そんな想いがあった。

　しかし、よくよく自分の心の声に耳を傾けてみると、こうしたもっともらしい理由のさらに底に、何か、もっと本能的な、叫びのような動機があることに気づく。それは、バングラデシュという"最貧国"に、今の自分に、ひょっとしたら今の日本に、足りていない大切な何か、あるいは、取り戻さなければならない何かがあるのではないか、という「希望的直感」だった。しかし、それを明確に言語化することは、入国審査の列に並んでいた時の僕には、まだできなかった。

ともかく僕はバングラデシュに来た。来たからには、前に進むしかない。こんな想いで、世銀の職員として、あるいはその立場を超えて、僕はバングラデシュという国の懐に無我夢中で飛び込み、国づくりに参加した。長い入国審査の列を突破した翌々日から習い始めたベンガル語を駆使して、バングラデシュのごく普通の人々の生活や価値観をできる限り共有しようと努めた。週末は都市部のスラム、農村、あるいは田舎町で過ごし、鉄道、ローカル・バス、そして小舟など現地の普通の人々が使う交通手段でバングラデシュの64県のうち34県に滞在、200以上の村々を訪問した。旅を続ける中では、胸躍るような出会いや経験もあれば、この国がどうしようなく嫌になる事件もあった。「もう日本に帰ろうか……」、「そもそも、なんでこんな国に来たんだ？」といった非生産的な自問自答に悩まされた時期もあった。

　そんな彩り豊かで振幅の大きな2年間の旅を終えた今、自分をこの国に連れてきた「希望的な直感」は、確信に変わった。この国には、確かに、今の自分、そして多くの日本人、あるいは日本の多くの組織に足りていない、大きな力がある。日本をはじめ、世界の多くの国々が直面している困難な問題を解決し、国づくりを前に進める上で、欠くことのできない大切な力が。本書は、そんな力を、バングラデシュから日本へと「輸出」したいという僕の個人的な思いが形になったものだ。

　その意味で、本書は途上国開発の専門書でも、世銀の業務や組織のありようを紹介するものでもない。バングラデシュが建国40周年を迎えた2011年から2013年夏という時代に、バングラデシュで起こったさまざまな出来事に、当事者として関わり、あるいはそれを間近で目撃した一人の日本人が、その経験と気付きをつづったメモワール（回想録）だ。スポット・ライトを当てるテーマは教育、産業、労働、エネルギー、社会保障、マイクロクレジット、市民による参加型行政、政治、そして災害復興など多岐にわたる。しかし、物語に登場する主人公たちはみな、「国づくり」という大目的に向けてそれぞれの壁を乗り越えていく中で、共通の「力」を示してくれた。それを端的に言い表すなら「革新する力」、「協働する力」、

そして「力を引き出す力」だ。

革新する力（Innovation）……物語の主人公たちは新しいアプローチに挑戦する。白地から絵を描く。そして、失敗から学ぶ。日々直面するさまざまな物理的・経済的・社会的な壁を越えて、創意工夫をしながら、課題解決、社会変革に向けて前進していく。

協働する力（Collaboration）……個人であっても、世銀のような巨大な組織であっても、この複雑で変化の早い時代において、単独ではできることは限られる。その点、バングラデシュでは、政府、国際機関、NGO、企業、大学、メディアといったさまざまな主体が、互いの強みを発揮し、弱みを補うパートナーシップを組みながら、革新的なアプローチで問題解決や価値創造に取り組んでいる。

力を引き出す力（Empowerment）……たとえば、これまで施しの対象だった人々が、問題解決の主体となる。これまでサービスの受け手でしかなかった人々が、創り手になる。人材が「人財」へと変貌する力強いシーンが、革新と協働のプロセスを通じて、印象的に紡ぎ出される。

　バングラデシュの国づくりの現場に飛び込んだ僕が見たのは、こうした力を発揮するバングラデシュの人々、あるいは国籍の壁を超え、彼らと二人三脚で問題解決に挑む地球市民たちの姿だった。その姿は僕の頭とハートにくっきりと焼き付いている。

　他の多くの新興国同様、バングラデシュは日々変化している。この本に登場する風景や状況、情報も時を経るにつれ変わっていくだろう。しかし、この国が深い部分で持つ強みやその背景にある歴史や国民性、そしてさまざまな社会問題を解決する際に発揮される上記3つの力の有効性は、そう簡単には色褪せないだろう。
　そして、それらは、「課題先進国」といわれる日本が身につけるべき重要な力であるとともに、21世紀の地球規模の

課題を解決していく上でも、欠かせないものだ。本書を通じて、そんな力の源をできる限りいきいきと描き出していきたい。2年間のバングラデシュでの生活と仕事を振り返りながら、皆さんとともに、母国日本のこれからの国づくりに向けた示唆を、バングラデシュから学んでいきたい。そして、日本の多くの皆さんにとっては必ずしも馴染み深い国とはいえないだろうバングラデシュへの好奇心をかき立て、実際にバングラデシュの人々に会ってみたい、バングラデシュに行ってみたい、と思う人が一人でも増えてくれれば、と願っている。そんな思いを胸に今、物語の扉を開きたい。

　ようこそ、バングラデシュへ！

prologue 何が僕をバングラデシュに連れてきたのか　1

chapter 1 ［この国の姿］ バングラデシュは本当に「最貧国」なのか　11

- 「最貧国」の意外な真実　12
- いまや「新・新興国」　15
- 人と人とが近い国　16
- 抱える課題は先進国と同じ　21

chapter 2 ［エネルギー］ すべての農村に電力を届けるには　23

- 技術革新で時代を飛び越える　24
- 経済の足枷となる電力不足　26
- 小さなソーラー・パネルが生む大きな変化　30
- 普及の壁①価格の壁　33
- 普及の壁②維持補修の壁　35
- 普及の壁③資金調達の壁　36
- 世界中に明かりを届けるために　39

chapter 3 ［ものづくり］ 未来を切り開く技術力をどう育てるか　41

- 最も燃費の良い車をつくる　42
- 試行ラン　43
- 技術力向上の先にあるビジョン　46
- 遂に開催！　エコラン全国大会　49
- 技術立国の未来の担い手たち　53
- 確かな成果は現場の試行錯誤から　56

chapter 4 ［教育］ すべての子どもに チャンスを与えるには　59

村の教室アナンダ・スクール　60
行政とNGOの連携の難しさ　63
罠を回避するために　65
何のために働いているのか　67

chapter 5 ［環境］ 膨大なゴミは誰によって どこに向かうのか　71

世界で最も人口の多い都市へ　72
クリーン・ダッカを担う人々　74
なぜポイ捨てするのか？　76
ただのゴミ山から環境に配慮した処分場へ　79
オーナーシップが鍵　81
共有地の未来を担うのは　83

chapter 6 ［社会保障］ この国のセーフティーネットは 誰が担うのか　85

セーフティーネットをめぐる問い　86
病に倒れた勤勉なドライバー　86
いよいよ手術　90
自らセーフティーネットをつくる人たち　93
農村で紡がれるセーフティーネット　94
政府・NGO・国際機関のパートナーシップ　98
ある貧困女性の変革の物語　101
コミュニティ主導型開発の教訓　104
保護の対象者が問題解決の担い手に　109

chapter 7 [金融] 貧困者の経済的自立をどう支援するか　111

- バングラデシュを代表する銀行　112
- 誰がグラミン銀行の顧客なのか　112
- 借り手の女性たち　116
- グラミン銀行の提供するサービスとは　120
- グラミン銀行の金利は高いのか　124
- グラミン銀行には誰が資金を提供しているのか　128
- グラミン銀行は誰が所有しているのか　130
- グラミン銀行の失敗と自己変革　131
- グラミン銀行の背景にある基本哲学とは何か　135

chapter 8 [労働] 働く人たちを守る仕組みをどうつくるか　141

- この国の産業の宝　142
- サバールの悲劇　143
- 不買運動が問題解決につながるか？　145
- 人災の裏の構造的問題　146
- 対策は次々に取られるが……　149
- 広がるイニシアティブ　151
- 労働者たちも変わり始めた　154
- ステークホルダーの一員として　156

chapter 9 [市民参加] 市民の力を国づくりに活かすには　159

- 世界銀行が追求すべき「成果」とは何か？　160
- 議論する村の人々　162
- 開発現場の「不都合な真実」　166
- 住民たちとの集会　169
- 現場と会議室をつなぐ　171
- 第1の壁　意義の共有　172
- 第2の壁　多様なパートナーが協働できる体制作り　175
- 第3の壁　NGOの能力強化　176
- 壁を乗り越えるために必要なもの　178

chapter 10 [政治] 社会を引き裂く力にどう向き合うか　181

- まるで山の天気のように　182
- ジャハバグ広場は人の海　182
- 独立戦争時からの因縁　185
- ジャマティ・イスラム党の実力　188
- 票をめぐる分断　190
- 正義をめぐる分断　191
- アイデンティティをめぐる分断　195
- 僕たちにできること　200

chapter 11 [コミュニティ] 傷ついたコミュニティを再生するには　203

- 震災の2年後に　204
- 被災者たちのまなざし　204
- どう声をかけたらいいかもわからない　206
- 思いを届けに　209
- 頼もしい現地のパートナー　210
- 現場で人々の声を聴く　213
- 集まった「志」でできたこと　219
- 信頼を築き直すために　222

chapter 12 [災害対策] 災害に何を備え、どう対処するか　225

- もう一つの現場へ　226
- 傷ついた若き大黒柱　228
- 群がる人々の狭間で　231
- 自立再建への長い道　235
- 手探りの支援活動で得た教訓　238
- この国で僕が学んだこと　241

epilogue 計り知れない学びを胸に抱きながら　243

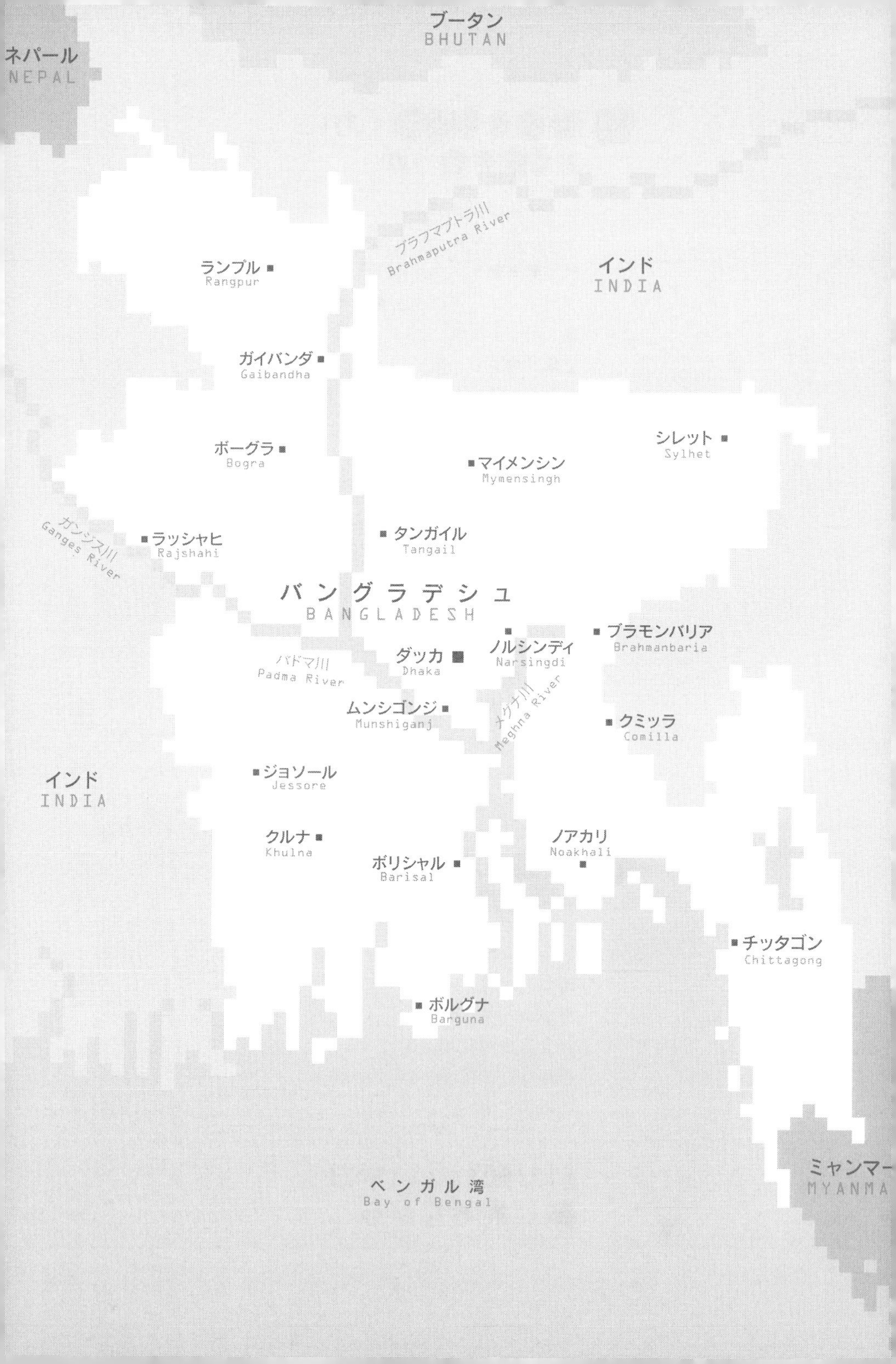
ブータン
BHUTAN
ネパール
NEPAL
ミャンマー
MYANMA
ブラフマプトラ川
Brahmaputra River
インド
INDIA
ランプル
Rangpur
ガイバンダ
Gaibandha
ボーグラ
Bogra
マイメンシン
Mymensingh
シレット
Sylhet
ガンジス川
Ganges River
ラッシャヒ
Rajshahi
タンガイル
Tangail
バングラデシュ
BANGLADESH
ブラモンバリア
Brahmanbaria
ノルシンディ
Narsingdi
ダッカ
Dhaka
パドマ川
Padma River
メグナ川
Meghna River
ムンシゴンジ
Munshiganj
クミッラ
Comilla
インド
INDIA
ジョソール
Jessore
クルナ
Khulna
ノアカリ
Noakhali
ボリシャル
Barisal
チッタゴン
Chittagong
ボルグナ
Barguna
ベンガル湾
Bay of Bengal

chapter
1

バングラデシュは
本当に「最貧国」なのか

Is Bangladesh really the poorest country?

［この国の姿］

「最貧国」の意外な真実

　間断なくクラクションが鳴り響く無秩序な交差点を突破したリキシャは、車体をガタガタと揺らしながら、人と車の波を超えていく。額から滴り落ちる汗をぬぐいながらリキシャ引きとの価格交渉を終えた僕は、店の軒先に吊るされた巨大な牛肉の塊が発する血の匂いに迎えられながら、人々の叫び声とニワトリの鳴き声が溶け合う線路沿いの市場に交じり入る。ふいに汽笛が聞こえた。人々は、魚や野菜を並べた目の前のザルを少しばかり移動させる。ほどなく列車の巨大な車輪が、ザルの20センチほど先を通り過ぎていく。列車の屋根の上を駆け回る命知らずの子供たちが、最高の笑顔で手を振っている。線路脇にはトタン屋根の共同住宅が密集するスラムが広がっている。暑い夏の太陽をまぶしく反射するトタン屋根の群れを、立ち並ぶガラス張りの高層ビル群が見下ろしている。

　ここはバングラデシュの首都ダッカにある巨大な市場、カウラン・バザール。1億5000万人が豊かさを求めて前進を続けるバングラデシュの熱気と矛盾が織り成す原色の風景の中、人々の生活の息遣いが聞こえるこの場所で、週末、僕は一杯5タカ（約5円）の茶をすすり、ベンガル語での会話を楽しみながら、人々の仕事や生活の様子を五感のすべてで吸収する。人々と共有する密な時間と空間が、自分の狭い思考や視野を押し広げてくれていることに気づく。目を閉じれば、これまでこの国で目にしてきたさまざまな風景や出会いがよみがえってくる。そして、考える。

バングラデシュは本当に「最貧国」なのだろうか？

　「南アジアの最貧国」という枕詞とともに語られるバングラデシュ。「貧困」、「洪水」、「汚職」といったネガティブなイメージが付きまとう国、バングラデシュ。2006年にムハンマド・ユヌス博士とグラミン銀行がノーベル平和賞を受賞して以来、日本での社会貢献ブームもあいまって、最近では「ソーシャル・ビジネス」という前向きなテーマが加わった。しかし、結局のところ「困っている人が大勢いるから助けなくてはな

線路脇に市場、食堂、住居が密集するカウラン・バザール。朝夕は15分おきに列車も通る

1 2012年現在、バングラデシュのPPP（Purchasing Power Parity）ベースのGDPは約3120億ドル（World Development Indicator）

2 2000年から2010年までの10年間のバングラデシュの実質経済成長率の平均は5.8%（World Bank, "Bangladesh Poverty Assessment 2000-2010, June 2013"）

3 2012年10月25日付けFinancial Express紙社説 "Parma Industry: The Journey Ahead"

4 2013年7月現在、バングラデシュの携帯電話加入者数は1億693万人（Bangladesh Telecommunication Regulatory Commission）

5 2011年現在、世界の平均寿命は69.9歳。バングラデシュの平均寿命は68.9歳（World Development Indicator）

6 2011年現在、バングラデシュ人の死因のトップはCoronary Heart Disease（冠状動脈性心臓病）で17.1%、次いで肺炎・インフルエンザ（10.89%）、Stroke（脳卒中）8.57%（World Health Ranking）

らない大変な国」という従来のイメージは大きく変わっていない。日本のメディアがたまに報じるバングラデシュの出来事も、政治の混乱やサイクロンの被害、あるいは産業事故といった悲惨なニュースばかりだ。

しかし、多くの日本人が、「バングラデシュはかわいそうで、大変な国」だと思っているのをよそに、当のバングラデシュは、世界41番目の規模のGDP[1]を持つ国に成長している。過去10年、世界経済を見れば、食料や資源価格の高騰、グローバル金融危機、そして欧州の債務危機といった大きな困難が続いた。一方、バングラデシュは、巨大サイクロンや選挙をめぐる政治混乱にたびたび見舞われてきた。こうした内憂外患の中にあって、この国は年率平均約6%[2]という堅調な経済成長を遂げてきたのだ。この成長は、中国に次ぐ世界第2の輸出を誇るアパレル産業を筆頭に、国内需要の97%に応え先進国を含む世界約100ヶ国に輸出をしている製薬産業[3]、冷蔵庫・バイク・冷房などの家電を生産する製造業、人口の7割（約1億人）が加入する携帯電話ネットワーク[4]を張りめぐらす通信業など、さまざまな産業の力によるところが大きい。そして、これらはほとんどすべて、バングラデシュ人が経営する地場資本なのだ。

経済指標や産業だけではない。たとえば、平均寿命は世界平均（70歳）とほぼ同水準の69歳[5]。主な死因を見ると、糖尿病、肥満等を原因とする心疾患がトップ[6]。「最貧国」といえば、マラリアやHIV/AIDS、あるいは栄養失調等による病が最大の死因というのが一般的なイメージかもしれない

が、バングラデシュには当てはまらない。

　子供の数はどうだろう。貧しい国といえば、幼い頃に命を落とす子供が多いこともあり、一人の女性が一生の間に6人、7人と大勢の子供を生むイメージがある。しかし、バングラデシュでは女性一人あたりの平均出生率は 2.2 人まで下がってきている[7]。乳幼児の死亡率についても、多くの途上国が苦戦を続ける中、バングラデシュはこの不幸な数字を着実に低下させ、国連で表彰を受けた[8]。

　こうした社会指標の改善がもたらされた背景には、外国からの援助だけではなく、バングラデシュの都会から農村のすみずみまで展開する市民社会──大学、シンクタンク、そしてNGO──の活動がある。日本で耳にする「グラミン銀行」は、その有力だが一つの組織に過ぎない。たとえば、この国で最大のNGOであるBRACは、傘下に大学・病院・銀行・通信事業・食品加工業などを持ち、教育・保健・マイクロクレジット・職業訓練・文化事業など実にさまざまな分野で質の高いサービスを全国の隅々にまで提供。今や従業員は10万人を超え、バングラデシュだけでなく南アジア、東南アジア、アフリカ、そして大地震に見舞われた中米のハイチまで世界10ヶ国、計1億3500万人もの人々に社会サービスを届ける多国籍コングロマリットの様相を呈している[9]。そして、こうした超強力なNGOを立ち上げ、運営し、そしてさらなる成長に向けて日々試行錯誤しているのは、外国からやってきた援助関係者ではなく、バングラデシュ人なのだ。

　視点を農村に移しても「本当に最貧国なのか？」という疑問は強まるばかりだ。バングラデシュに赴任していた約2年間のうち、世界銀行の仕事、あるいは個人的な活動を通じて、バングラデシュの全64県（District）の半分を超える34県に滞在し、200以上の村々を訪問してきたが、どこへ行っても青々とした田園風景、人々の活気、そして豊富な物産が印象的だった。バングラデシュの米の生産は2011年現在で3400万トン、日本の約4.5倍、世界第4位を誇り、約1億5000万人もの人口を擁しながらも今や主食の100%自給率をほぼ達成した[10]。これは異なる品種の3毛作までをも

[7] 2011年現在（World Development Indicator）

[8] 2010年9月の第65回国連総会において、5歳以下の子供の死亡率を大きく引き下げたことで、シェイク・ハシナ首相が表彰を受けた。

[9] BRAC ウェブサイト "Who we are?"

[10] 2011年現在、バングラデシュの年間国内精白米供給量は約3400トンで日本（746トン）の約4.5倍。中国、インド、インドネシアに告ぐ4位。（出展：World Rice Statistics）

可能とする肥沃な大地と生産性向上に向けた絶えざる革新がもたらしてきた恩恵だ。さまざまな野菜や果物の実りも豊かで、夏場にはパイナップルやマンゴーの甘い香りが市場いっぱいに漂う。また、外国から見れば「毎年の洪水で国土の半分が水没する、厳しい環境」として語られがちな雨季は、古来より「黄金のベンガル」と呼ばれてきたバングラデシュの豊穣な大地をつくりだし、また、豊かな漁場を生み出す恵みでもあるのだ。

いまや「新・新興国」

こうして見ると、むしろ、「いったい誰がバングラデシュを最貧国と言ったのか？」と疑問に感じてしまう。それは、何を隠そう世界銀行だ。世銀は、顧客である発展途上国を一人当たりの国民所得に応じて分類しており、「最貧国」、すなわち「Low income country」を「一人当たりの国民所得（GNI）が1035ドル以下の国」と定義[11]している。ここに分類されている35ヶ国には、ブルンジ、ニジェール、マラウイ、マリといったサブサハラ・アフリカの国々、東アジアでは、北朝鮮、カンボジア、ミャンマーが含まれており、南アジアでは、アフガニスタン、ネパールと並んでバングラデシュが含まれている。ちなみにバングラデシュの一人当たりの国民所得は2012年現在747ドル[12]。確かに最貧国だ。

しかし、これはあくまでも数字で計ることのできる一国の富を人口で単純に割ったもの。つまり人口の大きな国ほど、値は小さくなりやすい。そして、繰り返しになるがバングラデシュは世界で8番目に大きい約1億5000万人の人口を擁する。近年、「中国が世界第2の経済大国になった」といわれるが、この指標、つまり国全体の経済力を示すGDPでバングラデシュを見ると、1156億ドル（約11兆円）で52位、さらに物価の違いを加味した購買力平価ベースで見ると3199億ドルで、世界で41番目の経済力を持つ[13]ことになるのだ。多くの人々が持つ「バングラデシュ＝最貧国」というイメージは、数ある経済・社会統計の一つに過ぎない「一人当たりの国民所得（GNI）」という指標を一人歩きさせた結果ではないか。

---

[11] 2012年の一人当たりのGNI（Growth National Income）ベース（World Bank "How we classify countries?"）

[12] 2012年現在（World Development Indicator）

[13] 2012年現在（World Development Indicator）

要するに、多くの日本人が持つ、「貧困」、「災害」、「汚職」そして「貧困層を助けるグラミン銀行等のソーシャル・ビジネス」というバングラデシュへのイメージは、この国の現状、そして、その可能性や課題を正確に反映しているものとは言いがたい。バングラデシュはもはや「最貧国」ではなく、世界で上位4分の1以内の経済力を持つ「新・新興国」なのだ。

人と人とが近い国

では、バングラデシュが享受している「豊かさ」の源はいったい何だろうか。それは、大地や川、そして太陽からの恵みに加え、「人」だ。バングラデシュはとにかく人口密度が高いことで知られている。読者の皆さんは、仮に日本の人口密度がバングラデシュと同じだった場合、人口はいったい何人になるか、想像がつくだろうか？

答えは、約3億7000万人[14]だ。明日の朝起きたら、日本の人口が突然3億7000万人になっていたら……と想像すると、人口減少で悩むわが国にとってはありがたいような、一方で、通勤時のラッシュを想像すると空恐ろしいような、何ともいえない気分になる。そして、人口密度をめぐる喜びと不吉さが合わさったこの感覚は、現在のバングラデシュが直面している可能性と課題とを端的に表している。

まず、可能性に光を当ててみよう。第一に、過密な人口は経済成長の原動力となる豊富な労働力をもたらす源泉だ。たとえば、2010年から現地の事業会社との合弁でダッカ近郊で縫製工場を営んでいる日本のアパレル・メーカーの社長は、ミャンマーとバングラデシュとで進出先を悩んだ際の決め手として、約1300人の労働者全員が、工場まで歩いて通勤できる距離に住んでいるという、豊富な労働力へのアクセスを挙げていた。求人広告を出せば、たちまち人が集まり、社員向けの寄宿舎を作る必要も、送迎バスを用意する必要もない。賃金水準に関してはバングラデシュとミャンマー両国で大差はないが、縫製工場のような労働集約型の産業において決定的に重要な「人の集めやすさ」では、軍配は明らかにバングラデシュに上がったという。ミャンマーは約6000万人の人

14 バングラデシュの人口密度は982人/km²。日本の国土面積（37万7914 km²）に掛けて単純計算で算出すると約3億7000万人。

口を擁するものの国土が広い。それは恵まれたことではある。しかし、先ほどの人口密度の質問について、バングラデシュとミャンマーを置き換えて考えてみるとどうだろう。つまり、「日本の人口密度がミャンマーと同じだったら、日本の人口は何人になるでしょう？」 答えは、約2800万人だ[15]。江戸時代の人口を下回る水準。これでは日本中あちこちスカスカになってしまう。こう見ると、労働集約産業におけるバングラデシュの比較優位は明らかだ。

ちなみに、バングラデシュはあふれんばかりの労働力を積極的に国外へと送り出している、人材輸出大国でもある。たとえば、国連の平和維持活動（PKO）には、2012年現在で約9000人を派遣[16]。これは世界ナンバー・ワンの人的貢献だ。また、中東やマレーシアを中心に約660万人[17]が出稼ぎに出ている。出稼ぎ先からバングラデシュ人の父親たち、兄たちが故郷の家族に向けてこつこつと送金する金額は、ちりも積もって山となり、年間で約140億ドルに達する[18]。GDP換算で10％を超える巨額の外貨送金は、バングラデシュの経常収支を過去10年間、ほぼ一貫して黒字基調に保つ上での大きな力となり、為替レートや輸入品の物価水準の安定をもたらしてきた。

人口の過密は、バングラデシュを有望な消費市場として際立たせる要素でもある。たとえば、第2章で詳述する携帯電話やソーラーパネルの爆発的な普及、あるいは第7章で紹介するマイクロクレジットやNGOによる各種社会サービスの成功の背景には、顧客が密集していることから、サービスの提供や料金回収が比較的低コストで実現できるという要素があるだろう。また、1億5000万人のほぼ全員がベンガル語を話すベンガル人であるために、商品やサービスに対する評判は、良かれ悪しかれ、口コミであっという間に広まっていく。この点は、同じく人口大国であっても州ごとに言語が異なる隣国インドと比べると、バングラデシュの消費市場としての魅力を高める要素となるだろう。

無論、国の豊かさや人々の幸福感は、消費や生産、送金額

---

15 ミャンマーの人口密度は75人/km2。日本の国土面積（377,914 km2）に掛けて単純計算で算出すると約2800万人。

16 2013年5月現在、バングラデシュは軍、警察を合わせ男性8620人、女性216名、合計8836名を国連平和維持軍に派遣。世界最大の貢献をしている（Ranking of Military and Police Contributions to UN Operations）

17 2010年現在のバングラデシュ人海外出稼ぎ労働者数合計（Migration and Remittance Factbook 2011, Bangladesh Bank and BMET (Bureau of Manpower, Employment and Training)

18 海外からのバングラデシュ国内向け送金額は2012年7月〜2013年6月までの1年間で14461 million USドル。過去15年間一貫して増加基調にある（Bangladesh Bank Economic Statistics, Wage earner's remittance inflow）

(左) 物産豊かな田舎の市場
(右) 過剰な人口密度（スラムの様子）

などのように数字で表すことのできる指標だけでは測りがたい。たとえば、人と人とのコミュニケーションの量は、家族であれ、会社であれ、あるいは国であれ、ある人間集団の豊かさや幸福感を考える上で、欠くことのできない要素だろう。コミュニケーションは情報共有や相互理解を生み、協働の基礎となる信頼感や一体感を創り出し、さまざまな危機を乗り越える耐久力を高める。この点、世界でいわゆる「最貧国」と分類される国々の多くに見られる共通項の一つが、内戦や紛争等によって、国民同士の信頼感が失われていることだ。宗教や部族の違い等に端を発する紛争により人々が率直で密なコミュニケーションをとりにくくなってしまった国々では、ビジネス展開は困難であり、開発プロジェクトの成果も出にくい。

　しかし、バングラデシュは、「最貧国」に分類されながら、驚くほどコミュニケーションが豊かな国だ。何しろ、どこに行っても人ばかり……とにかく人と人との距離が近い。こうした物理的な状況に加え、コミュニケーションの密度を高める上で大きく貢献しているのがベンガル語だ。バングラデシュは、東部山岳地方に住む少数民族を除けば、人口のほぼすべてがベンガル語を母語とするベンガル人。1971年の独立のきっかけとなり、動力となったのも、当時バングラデシュを支配していたパキスタンによるウルドゥー語公用語化の動きへの強い反発と、母語ベンガル語を守ろうという意志だった。

（左）ダッカ市近郊の縫製工場の様子。労働集約的な縫製業は人口過密国バングラデシュの比較優位だ
（右）日々、溢れんばかりの乗客を乗せて河川を行き来する船。重量オーバーで転覆する事故もたびたび発生している

　同一言語での密なコミュニケーションは宗教の違いも乗り越える。バングラデシュは国民の9割近くがムスリムだが、キリスト教徒やヒンドゥー教徒も社会で認知され、受け入れられ、尊重されている。たとえばこんなエピソード。

　マンゴーや絹で有名なラッシャヒという地方都市の郊外にあるプティヤは、立派なヒンドゥー寺院群で知られる観光名所。ここを訪問した僕に、数々のヒンドゥー寺院の中を案内し、その一つ一つの背景にある宗教的意味を説明してくれたガイドは、ムスリムだった。
「いや、まぁ仕事だから。でも、そこいらのヒンドゥー教徒より、ヒンドゥーの教えについて詳しい自信はあるけどね」
　はにかんだ笑顔と旺盛な"耳毛"が印象的なオヤジは、訪問客である僕を自宅に招き入れ、「今食べたばかりだから」と必死で遠慮する僕に、大量の昼ごはんを振舞ってくれた。

　あるいは、毎年10月に行われる、ヒンドゥー教徒の一大イベントである「ドゥルガ・プジャ」の祭りで目にした光景は、バングラデシュ人が、宗教の違いを尊重する姿勢を余りにも雄弁に物語っていた。ムスリムが人口の9割近くを占めるにもかかわらず、「ドゥルガ・プジャ」は、クリスマスや仏教徒の祭日と並び、国民の祝日とされている。そして、この巨大な祭りの期間中、町や村のあちこちに、ヒンドゥーの神々が祭られる祭壇が作られる。最終日には、その神々の像を聖なるガンジス川に流すべく、ヒンドゥー教徒が大挙して、ド派手に装飾したトラックに神々を載せ、大音量のスピー

カーで音楽を鳴らしながら、町中を狂喜乱舞して練り歩くのだ。当然、街中の交通網は完全に麻痺。まるで、国全体がヒンドゥー教国になったかのような大騒ぎだ。ところが、この国のムスリムと来たら、たとえばこんな感じだ。
「今日は、ヒンドゥーの同僚のアイツが、あそこで踊り狂ってくるから、俺が代わりに店番だよ」

　茶屋で店番をしながらヒンドゥーのパレードを所在なげに見つめる親父は涼しい顔。挙句の果てに、ドサクサにまぎれて一緒に踊り狂っているムスリムも目立つ。モスクが立ち並ぶバングラデシュの街で展開される巨大なヒンドゥーのお祭り。そんな祭りを、それぞれのやり方で楽しむバングラデシュ人の様子を見ていると、宗教の違いを理由に殺し合いが発生している世界が、途方もなく遠くに感じるものだ。

　密なコミュニケーションは社会のセーフティーネットとしての役割も果たす。多くのバングラデシュ人の住まいである、昔の日本の長屋のような集合住宅はとても狭く、プライバシーは皆無と言っていい。しかし、家族や親戚、そして隣人同士の密なコミュニケーションにはうってつけの場所だ。物の値段から新しい店のこと、政治の話まで情報は口コミですぐに広がる。常に光っている人の目や、瞬く間に広がる噂話は、犯罪の抑止にも効果を果たす。家族が怪我や病気で働けなくなった場合には、「困ったときにはお互い様」という発想で、自然に手を差し伸べる親戚や友人がすぐ傍にいる。

　そんなバングラデシュに飛び込んだ日本人にとって、バングラデシュ人のあまりに濃密なコミュニケーションは、うっとうしく感じる時もある。なぜ、通りすがりの見知らぬ人間に、国籍・仕事・住所から始まり、給料額や、結婚の有無や、相手とのなれそめや、結婚した（しない）理由や、あるいは携帯電話の番号を聞いてくるのか。ちょっと理解できないこともある（というか、ほとんど常にそう思う）。しかし、バングラデシュ人のこうした濃密なコミュニケーションが、国を発展させていく上での力となり、また国家を決定的な過ちから守る盾となっているように思う。

（左）慢性的な交通渋滞
（右）ダッカ市内に無秩序に張りめぐらされている電線網。しかし、電力供給は心もとない

抱える課題は先進国と同じ

　以上、バングラデシュの強みばかりを書き連ねてきたが、無論、過密な人口がもたらすのは前向きな可能性だけでない。解決が圧倒的に困難な、さまざまな問題を生み出す根源でもある。

　その最たる例が、世界最悪の交通渋滞や電力事情をもたらす各種インフラの整備の遅れや無秩序な都市化の進展だろう。この点については、動員できる資金の不足やバングラデシュ政府のプロジェクト実施能力や規制の執行力の弱さ、汚職の問題などが原因として指摘されるが、そもそも、狭い場所にあまりにも多くの人が住んでいるという背景を考えれば、あきらめざるを得ない部分もある。

　また、エネルギーや水の持続的確保にも暗雲が垂れ込めている。バングラデシュはそのエネルギーの約9割を国内からわき出る天然ガスでまかなっている[19]が、未来永劫入手可能なエネルギーでは無論ない。また、「洪水の国」でありながら、特にダッカを中心とする大都市は近年、水不足に悩まされている。工業排水等で近郊の河川が危機的な水準にまで汚染されているなかで、依存が続く地下水の水位が着実に低下、蛇口をひねっても水が出ないという事態が、市内で頻発しているのだ。

　さらに、次々と労働市場に参入する若者への、量的に十分で、質的にまっとうな職の提供も大いなる課題だ。何しろバングラデシュの平均年齢は24歳。46歳の日本[20]から見る

[19] 2010年現在、バングラデシュのエネルギー供給は88％を天然ガス、6％を石油、3.7％を石炭、2.7％を水力でまかなっている（The Perspective Plan for Bangladesh 2010-2021）

[20] 2013年現在の年齢の中央値（Median Age）（国連 Population Division, World Population Prospects）

と羨ましい限りだが、大勢の若者が、その若い力で国や社会に貢献するには、そこに仕事がなければならない。仕事がなければ、優秀な若者は海外に流出し、暇をもてあました若者は、非生産的な政治的な暴動に動員されるなど、社会不安の種になりかねない。また、農村部からダッカへの人口流入による都市化の進展や、よりよい職や教育をもとめる人々の移動の加速化は、社会のセーフティーネットとしての役割やさまざまな紛争予防の機能を果たしてきたコミュニティの力を弱め、共同体から零れ落ちる人を増やしてきている。ダッカで目にする数多くのストリート・チルドレンは、こうした困難を体現する存在だ。

こうしたさまざまな問題を解決し、貧困を解消し、国を成長させるために、バングラデシュ政府は、今後毎年8%の経済成長を実現し、2021年までに中所得国入りすることを国家の目標[21]としている。確かに、道路や橋、発電所や送電線網のようなインフラを整備し、生産・投資を伸ばし、雇用を生み出し、人々の購買力を高める、つまり経済成長を追求していくことは、とても大切だ。一方、これらを進めていくためには、今以上のエネルギー、土地、そして水が必要であり、それらは既に逼迫している。また、経済活動が活性化し、個人が共同体から離れて各々の自己実現を求めていけば、格差は拡大する一方、コミュニティの機能はますます弱まってしまう。

これはとても厄介なジレンマだ。どうしたら、経済活動の拡大と、エネルギー・水・そして土地の有限性との折り合いをつけることができるだろうか。どうすれば、さらなる投資や消費を奨励する一方で、無秩序に進む都市化や環境汚染に歯止めをかけることができるだろうか。女性や若者が個人個人のキャリアや夢を追求できる自由な社会風土を奨励しつつ、格差の拡大やコミュニティの機能の低下といった問題に対応するには、何が必要だろうか。
　日本を含め、多くの先進国が経験してきた、そして今なお試行錯誤を続けている難題に、今、バングラデシュも向き合っているのだ。

[21] Bangladesh Government 6th Five Year Plan

chapter
2

すべての農村に
電力を届けるには

How can we ensure access to electricity for all?

［エネルギー］

技術革新で時代を飛び越える

　途上国は時として、日本をはじめとする先進国が歩んできた長い発展の過程を、一足飛びで進んでいく。携帯電話がその好例だ。グラハム・ベルが電話を発明、フィラデルフィアの万国博覧会に出展したのが 1876 年。日本で初めて固定電話サービスが開始されたのが 1890 年。重さ 3 キロもある肩掛けの携帯電話「ショルダー・フォン」が初めて日本に登場したのはそれから約 100 年後の 1985 年。僕が大学に入学した 1996 年に携帯電話を持っている学生は稀で、ポケベルや PHS がコミュニケーションの主な手段だった。

　そしてバングラデシュ。政府が初めて携帯電話事業の入札を実施したのは、僕の大学入学と同じタイミングである 1996 年。その 17 年後の 2013 年、バングラデシュの携帯電話加入者数は全国で 1 億人を突破[1]した。総人口 1 億 5000 万人の 7 割近く。都市のスラムから辺境の農村まで、子供やお年寄りを除く生産年齢人口のほぼ全員が携帯電話を日々のコミュニケーションに、さまざまな社会サービスの提供や受取りに、あるいはビジネスの生産性向上に役立てている。ちなみに、バングラデシュの携帯電話事業には、外国資本が多数参画している。たとえば、業界最大手のグラミンフォン（Grameen Phone）については、ノルウェーの通信事業社テレノール、米国著名投資家のジョージ・ソロス、そして日本の商社丸紅が事業立ち上げに当たって主要な出資者となった。そして、業界 2 位のバングラ・リンク（Bangla link）にはエジプト系企業が、続くロビ（Robi）には NTT ドコモとマレーシアのアシアタ（Axiata）が出資、エアテル・バングラデシュ（Airtel Bangladesh）はアラブ首長国連邦とインドといった具合だ。

　一方で、固定電話は伸び悩んでいる。2010 年現在で固定電話加入はわずか約 120 万回線[2]、人口の 1 割にも満たない。大河で分断され、雨季には国土の 4 割近くが水没し、そして国民の 8 割が農村部に住むこの国では、固定電話回線を農村部まで敷設し、電話代を徴収するといったメカニズムの

[1] 2013 年 7 月現在、バングラデシュの携帯電話加入者数は 1 億 693 万人（Bangladesh Telecommunication Regulatory Commission）

[2] World Bank "Fixed Telephone Line"

構築が著しく困難だからだ。

　他方で、携帯電話であれば基地局のアンテナをひとつ立てれば広範囲にわたって電波へのアクセスを提供できる。大河で寸断された海抜5メートル以下の土地という地理的特徴も、携帯電話普及に当たっては強みに変わる。何しろ、電波をさえぎる山や谷が、東部の丘陵地帯を除けば、皆無なのだから。プリペイド式にすれば料金を徴収して回る必要もない。

　街中の携帯電話店で売られている新品機種は安いものなら1500タカ（約1500円）程度で購入可能だ。そして携帯電話の修理店が地方都市や町も含めて多数存在する。加えて機種には契約者情報が記録されたSIM（Subscriber Identity Module）カードの制約がないことから、たとえば友人が使わなくなった古い機種を譲り受けて修理し、どの携帯電話会社の機種でもSIMカードを入れ替えて利用することができる。SIMカードの価格は200タカ程度。通話料金は国内で1分1タカ以下、東京にかける場合は、1分15タカと激安で基本料金はない。つまり、誰かから中古の携帯電話機を譲り受けることができれば、誰でも200タカ程度でグローバル通信網へのアクセスを手にできるのだ。

　日本が固定電話→PHS→携帯電話という長い変遷のプロセスを経験してきた一方、バングラデシュをはじめとする途上国は、固定電話回線という重厚長大、全国画一式のインフラ敷設を経ることなく、時代を飛び越え、手のひらサイズの通信手段へのアクセスを全国津々浦々まで提供することに成功した。動力となったのは技術革新、現地の起業家、外国人投資家、そして現地の人々が購買できる価格設定だ。

　そして、同じような革新のうねりが電力分野でも広範に発生しつつある。発電所で電気をつくり、送電線網を使って各家庭にまで届けるという従来のやり方が通用しにくい農村部や中州に住む人々の電力アクセスを可能としたもの。それが、小規模太陽光発電だ。

経済の足枷となる電力不足

　バングラデシュが抱える大きな問題のひとつに電力不足がある。
　下の表は、OECDと世界経済フォーラムが年に一度公表している「世界競争力ランキング（World Competitiveness Report）」の指標のひとつであるインフラ整備について、バングラデシュおよびその近隣の新興国の状況を、国際的に見て「1＝極端に未整備」から「7＝広範かつ効率的」までの7段階で評価・比較したものだ。

　ご覧の通り、バングラデシュの総合評価は対象142ヶ国中、下から13番目の129位。中国やスリランカはもちろん、「インフラ未整備が成長のボトルネック」と常に指摘されているインドやパキスタンにも大きく水を開けられている。この中でも特に足を引っ張っているのが電力（1.6）だ。

　バングラデシュの電力不足の深刻さは、途上国の企業に対して投融資や助言を提供する世銀グループの一部門、IFC（International Financial Corporation：国際金融公社）が年に一度公表する「Doing Business（ビジネス環境の現状）」の指標を見ても明らかだ。2003年以来毎年公表されているこの指標は、各国の地元中小企業にとって、その国がどの程

インフラの質の比較（2011年）

	ランキング順位	インフラ全体	電力	道路	鉄道	港	空港
バングラデシュ	129	2.8	1.6	2.9	2.5	3.4	3.5
中国	69	4.2	5.5	4.4	4.6	4.5	4.6
インド	86	3.8	3.1	3.4	4.4	3.9	4.7
パキスタン	109	3.5	2.2	3.7	2.8	4.1	4.3
スリランカ	48	4.7	5.0	4.5	3.8	4.9	4.9

※国際基準に照らして、1＝極端に未整備、7＝広範かつ効率的
※ランキングは対象142カ国内の順位
出典：2011 World Economic Forum, The Global Competitiveness Report 2011-2012.

度ビジネスを展開しやすい環境にあるのかを、ある程度客観的に明らかにするために、世界各国を共通の指標で比較してランク付けしたものだ。比較に用いられる指標は、たとえば、会社の立ち上げ、建築許可の取得、輸出入等に要する行政手続きや必要書類の数、日数、そして金銭的コスト（公式の手数料で賄賂は除く）といった、各企業が商売をする上で具体的に直面する法規制や許認可手続き等、もっぱらミクロで、かつ客観的に比較可能なものだ。2013年度版では、日本やバングラデシュも含む世界185ヶ国を10の横断的指標で比較している。

　下の図がバングラデシュの成績表だ。10の指標の横にそれぞれの順位を記した。ここで特に足を引っ張っているのが、やはり「電力の入手」。これは、地元の中小企業が首都圏で新規に申請後、実際に電力が供給されるまでに必要な①行政手続きの数、②日数、③金額（一人当たりの国民所得比で計算）で、各国を横断的に比較したものだ。そして、バングラデシュの電力アクセスは、なんと185ヶ国中、最下位となっている。何しろ、バングラデシュでは電力を得るために、9の行政手続きと、404日の日数、そして一人当たりの国民所得（2012年で770ドル）比で約5000％という、文字通り法外なコストがかかるのだ。

バングラデシュのビジネス環境の国際比較（2013年）

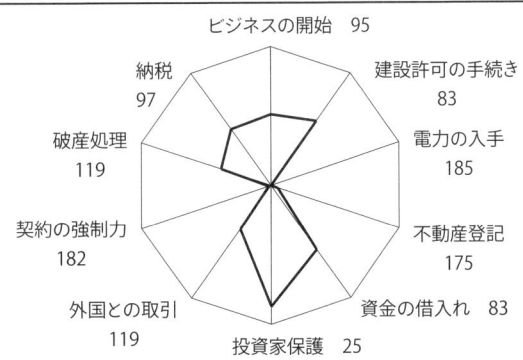

- ビジネスの開始　95
- 建設許可の手続き　83
- 電力の入手　185
- 不動産登記　175
- 資金の借入れ　83
- 投資家保護　25
- 外国との取引　119
- 契約の強制力　182
- 破産処理　119
- 納税　97

※数字は順位（185ヶ国中）　出典：IFC, Doing Business 2013

chapter 2　すべての農村に電力を届けるには

なお、この国全体の電力需要・供給の状況については、バングラデシュ電源開発公社（Bangladesh Power Development Board）のウェブサイトで更新される日次のデータで確認できる。たとえば、2012年4月17日の電力総供給は4202メガワット、総需要は4909メガワットと出ている。こんな調子で、年間を通じて供給が需要を上回る日は少なく、総需要が増加する夏場は計画停電が激増することになる。そして、需要は毎年伸びていく一方で、供給の伸びはおぼつかない。

そして、僕がバングラデシュに赴任している間、この国の電力不足は「電力危機」と言うべきフェーズに突入してしまった。たとえば、2010年8月から始まったダッカの新築マンションやオフィスビルへの電力供給の停止措置は、僕がバングラデシュを離れる2013年夏にいたってもなお、継続されていた。これに加え、2012年3月から6月までの間は、バングラデシュ全土の産業部門への電力供給が夕方6時から朝6時まで一日12時間停止された[3]。政府との契約により24時間中断なしの電力供給を約束されていた「輸出加工区（Export Processing Zone）」と呼ばれる経済特区でさえ、上記措置に伴う停電が一日数時間にわたり発生し、輸出製品の出荷に深刻な影響が出た。多くの工場や企業は自家発電装置を備えているとは言え、これを途切れなく稼働させるための燃料費は大きな負担だ。

産業部門への電力供給の半日停止という、経済活動を窒息死させるような施策を政府がとった背景には、「食糧危機の回避」という重大な課題がある。この時期にちょうど収穫期を迎えていた米の生産に必要な灌漑用電力の不足により、好天にもかかわらず国全体が食糧危機に陥る可能性が現実味を増したことから、産業部門に回す電力を農村に回さざるを得なくなったのだ。

バングラデシュは近年、縫製業を中心にその安価で豊富な労働力から「China+1」、「(BRICsに続く) Next11」として日本を含め諸外国からの注目を集めているが、電力不足に

[3] 2012年4月12日付け Financial Express 紙 "Power disruption in EPZs put investors in great trouble"

よる生産コスト・物流コストの増大は、賃金水準の競争力を相殺しかねない負のインパクトをこの国の産業に与えている。

そして、ここで強調したいのは、上記で紹介した数字やストーリーはいずれも、ダッカやチッタゴンといった都市部や産業部門を念頭においた指標や現象だということだ。人口の8割近くが住む農村地帯や中州の多くでは、送電線網の敷設が困難であることから、状況はもっとひどい。一言で言うと、「停電が多い」のではなく、電力自体が届かないのだ。バングラデシュの電化率は2010年時点で46％。都市部は76％である一方で、農村地帯の電化率はわずか28％[4]に留まっており、今なお9400万人近いバングラデシュ人が電気のない生活を送っている。

人間、電気がなくても生きていくことはできる。しかし、その生活は相当不便なものとなり、社会的・経済的状況を改善するための多くの機会を逃してしまう。バングラデシュにおける携帯電話の爆発的な普及については本章の冒頭で触れたが、家に電気が来ていなければ充電ができない。この場合、自家発電装置を持っている村で数少ない裕福な家庭や店にまで出向き、充電を頼まなければならない。また、手元を明るく照らす必要のある手縫いや機械の修理等の内職は夕暮れとともに中断せざるを得ない。そして、ろうそくやランタンを使ったわずかな明かりの下での出産は危険極まりないものとなるだろう。

電気のない生活を具体的に想像してみると、たとえ豆電球2、3個と携帯電話の充電ができるだけの、せいぜい40～120ワット程度のつつましい電力が手に入りさえすれば、その家庭の、あるいは村の生活を激変させられることが理解できる。問題は、送電線が敷設されるのを待っていては、人々の切実なニーズは、場合によっては一世代待っても満たされないということだ。そして、この困難な現実を変えたのが、小規模太陽光発電なのだ。

[4] World Bank, World Development Indicators,

小さなソーラー・パネルが生む大きな変化

　2011年11月20日、日曜日。ここはバングラデシュの最南端、ボルグナ県の村、ガージョン・ブニア・バザール。世銀で担当しているプロジェクトのモニタリングのために、ダッカを出発したのは前日の朝8時だった。海と見紛うような大河を二つフェリーで渡り、でこぼこ道に揺られながら、ようやくバングラデシュ南部の主要都市ボリシャルに到着したのが夕方の5時。夜間の移動は交通事故のリスクを格段に高めるため、ボリシャルのゲスト・ハウスで一泊。翌早朝5時にボリシャルを出発し、目的地に到着したのは太陽が既に中空に差し掛かった11時頃だった。首都ダッカから250キロ、東京から名古屋に等しい距離を移動するのに、丸一日以上かかった計算だ。

　長旅でさび付いた足腰を伸ばしながら車から降りた僕が目にしたのは、大型バスが一台通るのが精一杯という程度の狭い道路の脇に軒を並べる、トタン屋根と竹や木の柱で作られた茶屋、薬局、雑貨屋、そして床屋。こぢんまりとした道路に、ローカルバスの車体をバンバンと手で叩きながら行き先を告げる車掌の大声や、若者が三人乗りでまたがって走り去るホンダのバイクのクラクションの音がこだまする。路上をうろつく犬やヤギたちは、胃袋を満たす何かをせわしなく探し回っている。つまり、どこにでもある、バングラデシュ農村部の集落の風景だ。そして、家々に電気を届ける電信柱と電線の姿は見当たらない。

　しかし、そんなバザールに、夕暮れの訪れとともに、ひとつ、またひとつと明かりが灯り始める。ろうそくやランタンの明かりではなく、蛍光灯の光だ。そして、その源は、このバザールのほぼすべての家々のトタン屋根に据え付けられた50センチ四方ほどの小さな太陽光パネルなのだ。

　この村で旦那さんとともに小さな茶屋を営んでいるファリダ・ベガムさんは、小規模太陽光発電により生活環境の激変を経験した一人だ。ベガムさんは、2年前に太陽光パネル、

農村の民家に据え付けられた
ソーラー・パネル

　バッテリー、ケーブル、そしてLED電球等がセットになった「ソーラー・ホーム・システム」を3万2000タカで購入。頭金として4000タカを支払い、残りは3年の分割払いで毎週700タカずつ返済している。ファリダさんはコンデンス・ミルクと砂糖をお茶のグラスに入れ、スプーンでカチャカチャとかき混ぜながら、ソーラー・ホーム・システム購入後の生活の変化について語ってくれた。

「明かりがついたお陰で、日暮れ後も遅くまで茶屋の営業を続けることができるようになり、収入がかなり増えました。でも、収入よりも大きいのは、子供たちが夜、家で勉強をできるようになったことです。娘と息子の学校の成績は目に見えてよくなりましたから」

　ソーラー・ホーム・システムによって、ガージョン・ブニア・バザール全体の様子も大きく変わった。以前は人々の生活や仕事は夜明けとともに始まり、夕暮れとともに終わっていたが、今では夕暮れとともに家々に明かりが灯り始め、人々の会話や活動は熱を帯びる。大勢で茶店に集まって映画を見たり、床屋で髪を整え、髭をそったり、あるいはミシンで縫い物を続けたり……小さな太陽光パネルによって、ガージョン・ブニア・バザールの夜は実に表情豊かなものとなった。

　2002年、バングラデシュには約7000のソーラー・パネルしか存在していなかった。今日では農村部の低所得者層だけ

chapter 2　すべての農村に電力を届けるには　　31

で200万の家庭が太陽光発電の恩恵を受けている[5]。そしてその効果は、家庭やコミュニティを超える。たとえば、灯油やディーゼルの使用の低下による温室効果ガスの排出量削減、エネルギー補助金減少による財政赤字の緩和、あるいは、ソーラー・パネルの敷設やメンテナンスを提供するための雇用、いわゆる「グリーン・ジョブ」の創設だ。

バングラデシュ政府は「2021年までに100%の電化率を実現する」という野心的なゴールを達成するために、「全エネルギー供給に占める再生エネルギーの割合を現状（2008年）の1%以下から2015年には5%に、2020年には10%にまで高める」として、ソーラー・パネルの敷設を目標実現に向けた有力なツールと位置づけている（バングラデシュは国土のほとんどが低地なので水力発電は難しい[6]）。世界銀行も、2011年〜2014年までの4年間を対象に策定した「国別援助戦略」において、ソーラー・パネルの敷設を通じて農村部の家庭に電気を届けるプロジェクトを展開し、バングラデシュ政府の目標達成を後押ししている。今、バングラデシュでは、農村部を中心に、ソーラー・パネルのさらなる活用に向けて強い追い風が吹いているのだ。

しかし、技術革新によって生み出されたソーラー・ホーム・システムという新たな製品を、バングラデシュにおいて、広く、そして持続的な普及の軌道に乗せていく上では、特にその黎明期において、さまざまな壁を乗り越えなければならなかった。

ソーラー・ホーム・システムの販売・据付の担い手は複数存在する。最大のマーケット・シェアを持つNGO、グラミン・シャクティ（Grameen Shakti）を筆頭に、物流、富裕層向け小売、太陽光発電向け電池や家電部品の製造などを幅広く手がけるバングラデシュ屈指のコングロマリット、ラヒム・アフローズ（Rahim Afrooz）グループ傘下のNGO、農村サービス財団（Rural Service Foundation）、そしてバングラデシュ最大のNGOであるBRACが傘下にもつBRAC財団などだ。以下では最大手のグラミン・シャクティの経験にス

5 2013年5月現在、IDCOL

6 Government of Bangladesh "The Renewable Energy Policy 2008"

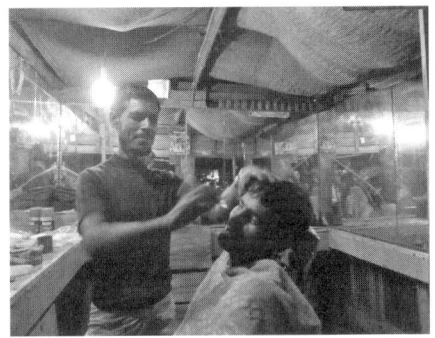

ソーラー・パネルで生み出された電気の下で夜間も営業を続けるカージョンフニア・バザールの床屋（左）と茶屋（右）

ポット・ライトを当てながら、関係者がいかにして壁を乗り越え、道を切り拓いてきたのかを探っていく。

ちなみに、グラミン・シャクティ（ベンガル語でグラミンは「村の」、シャクティは「パワー」の意味）は、バングラデシュの農村部で暮らす人々に対して、環境負荷の低い再生エネルギーを持続的かつ安価に提供するとのミッションを掲げて、グラミン銀行の創設者であり2006年のノーベル平和賞受賞者であるムハンマド・ユヌス氏が1996年に立ち上げたNGOだ。

普及の壁①価格の壁

ソーラー・ホーム・システムは、その利便性の高さにもかかわらず、グラミン・シャクティの創業後しばらくの間、農村部の人々の心をつかむことができなかった。その最大の要因が、価格の壁だ。

バングラデシュ農村部で暮らす人々の収入は月収5000〜1万タカ程度。そしてソーラー・ホーム・システムは、最近は価格が下がったとはいえ、たとえば3ワットの豆電球3つと小さな白黒テレビひとつの電力をまかなう程度のもので、お値段は1万7800タカ。対象となる人々の月収の2倍もする。バングラデシュの農村部で暮らす人々が切実に電気を必要としており、ソーラー・ホーム・システムがそのニーズに応えるものであっても、この価格では人々の購買欲を引き出す

ことはできない。そもそも、バングラデシュの農村部で暮らす人々のほとんどは、ソーラー・パネルなど、見たことも聞いたこともないのだ。こういう状況では、グラミン・シャクティの職員が、「このパネルを買えば、電線とつながっていなくても電気が来ます。電気が来れば勉強も仕事もはかどりますよ」と村でPRをするだけでは、見向きもされず、その値段は法外なものとしか受け取られない。ソーラー・ホーム・システムの仕入れ価格がすぐには大きく下がらない以上、単にソーラー・ホーム・システムが電力へのアクセスというニーズ（Needs）を満たすことを示すだけではなく、村の人々の「買いたいと思う気持ち（Wants）」を高めるマーケティングを考えなければならない。

　この点、グラミン・シャクティが取り組んだのが、第一に「電気がないことによるコスト」を見える化して伝えるコミュニケーションだった。確かにソーラー・ホーム・システムの値段は高いが、一方で電気の代替手段に対して、村の人々は実は結構なコストを払っているのではないか、と問いかけたのだ。

　まず、電気代わりに使われる灯油ランプ（ランタン）に火を灯すための灯油購入のコストがかかる。これが1リットル50タカ程度。小型のランタンを夕暮れから就寝まで毎日数時間使ったとして、1リットルの灯油は一週間程度でなくなってしまう。そして、先に登場したファリダさんの場合では、経営する茶屋向けに2つ、奥の生活スペース向けに1つのランタンを使っていた。すると、単純計算でファリダさんは、灯油ランプに対して、月に600タカ、年間約7200タカを使っていることになる。また、灯油は輸入品であるために、為替や国際市場の動向などによって価格が高騰する可能性もある。灯油ランプにかかるコストはそれだけではない。室内の空気汚染や悪臭をもたらし、家の中で多くの時間を過ごす女性や子供たちの健康に悪影響も及ぼす。

　ここで、ファリダさんが購入したソーラー・ホーム・システムの値段が約3万2000タカだったことを思い起こせば、

ランタンと比べれば圧倒的に明るく、有害な煙も出さない光を生み出すソーラー・ホーム・システムにかかる費用は、4年半で元が取れることに気付く。グラミン・シャクティの現場スタッフは、ソーラー・ホーム・システム購入費用が、絶対額では高く見えても、ランタンと比較してみると、相対的・長期的には安上がりであることを伝え、ターゲットとする層が感じる「価格の壁」を心理面から低めていった。

上記に加え、グラミン・シャクティは、農村部に暮らす人々の日々のキャッシュフローの傾向を把握した上で、購入時にかかる「価格の壁」を具体的に引き下げるために、一括払いとあわせて、以下のような分割払いのメニューを導入した。

① 35%分を前払い、残り65%は12ヶ月払い。手数料5%
② 25%分を前払い、残り75%は24ヶ月払い。手数料6%
③ 15%分を前払い、残り85%を36ヶ月払い。手数料8%
④ 100%を一括払い、定価の4%をディスカウント

分割払いの導入に加え、ソーラー・パネルは20年、LED電球は5年、バッテリーは3年という保証期間をつけ、この期間内であれば、故障や破損を無料で修理する。こうした工夫により、月々の実質的な負担感は、灯油ランプとほぼ変わらなくなり、ソーラー・ホーム・システムとバングラデシュの農村部の人々との間に立ちはだかっていた「価格の壁」は、両者が結び付くことができる程度にまで低下したのだった。

普及の壁② 維持補修の壁

現在、グラミン・シャクティの製品はバングラデシュの全土に普及している。分割払いの料金回収や維持補修については、全国1286箇所に設けられた支店の職員が担当しているが、職員のみで対応していたのでは、タイムリーなアフターケアは難しい。一方、職員の数を安易に増やせば人件費の増加が価格に転嫁され、せっかく低下した「価格の壁」が再び高まってしまうかもしれない。

こうしたジレンマの中で創られたのが、「グラミン技術センター（Grameen Technology Center）」。村の人々、特に経済的な理由で高等教育をあきらめざるを得なかった若い女性たちを再生エネルギー専門の準技術者として養成するための施設だ。彼女たちは、グラミン技術センターで、グラミン・シャクティの正規職員であるエンジニアからの指導を受けながら、ソーラー・ホーム・システムの据付、組み立て、そして維持補修のスキルを身につける。その上で、グラミン・シャクティと契約を結び、月々5000～7000タカの給与を出来高払いで受け取りながら、自分の村のソーラー・ホーム・システムのアフターケアに従事しているのだ。彼女たちは、ちょっとした不具合であれば利用者が自ら修理をできるよう、村の人々を指導し、環境負荷の高い使用済みの電池も回収する。なお、上述した給与の額については、大学卒で10年程度の勤務経験を経た小学校の先生の月給が8000タカ程度であることを踏まえれば、村の女性たちをひきつけるに十分な水準といえるだろう。

　労働意欲のある村の女性たちを準技術者として育てることで、保証期間が過ぎた後も含めてタイムリーなアフターケアを安く提供できる体制をグラミン・シャクティは作り上げたのだ。

普及の壁③資金調達の壁

　グラミン・シャクティは、今でこそ年間71億タカの予算規模と1万1000人を超える正規職員を雇用する一大NGOに成長したが、1996年の立ち上げから数年は、海外のドナーからの寄付を元手に細々と試行錯誤を続ける零細NGOだった。
　こうした状況では、上で紹介した分割払いによる販売は採用しづらい。なぜなら、2年や3年といった期間での分割払いで商品を販売をすれば、代金回収に時間がかかり、その間、次の顧客向けのソーラー・ホーム・システムを仕入れるお金が、自分の手元からなくなってしまうからだ。

もちろん、グラミン・シャクティが、民間金融機関などからまとまった資金を借り入れて、仕入れる手もある。しかし、バングラデシュの金融市場では、銀行同士が借り入れる金利ですら9%近い水準であること、そして立ち上がったばかりのグラミン・シャクティは信用力が低かったことを考えれば、相当程度の金利を銀行から求められることを覚悟しなければならない。そして、こうした金利負担は、ソーラー・ホーム・システムの価格に転嫁されてしまう。これでは、また「価格の壁」が高くなり、せっかくの技術革新の成果を、それを必要とする人々の手から遠ざけてしまう。立ち上げ当初のグラミン・シャクティにとって、「資金調達の壁」は自らの創意工夫だけでは超えがたい壁だったのだ。

　そんなグラミン・シャクティに力を与えたのが、再生エネルギーを含むインフラ整備プロジェクトへの長期・低利融資を目的に1997年に政府が立ち上げた「インフラ開発公社（The Infrastructure Development Company Ltd; IDCOL）」という政府系金融機関だった。IDCOLは、ソーラー・ホーム・システムを販売しているグラミン・シャクティをはじめとするNGOや企業に低利の融資を提供。これにより、グラミン・シャクティは、分割払い方式を使って顧客の負担を和らげるとともに、自らの資金の回転率を高め、農村部に存在する無数のニーズにスピーディに応えていくための資金基盤を手にしたのだ。

　ちなみに、IDCOLの貸付原資には、世界銀行が「農村電化・再生可能エネルギー普及プロジェクト（Rural Electrification and Renewable Energy Project）」を通じてバングラデシュ政府に提供している無利子の融資が活用されている。そして、IDCOLが世銀から受けた融資を活用して、グラミン・シャクティに融資をする際には、アウトプット・ベース・ファイナンス（Output-Based-Financing）と呼ばれる資金提供手法が採用されている。

　世銀をはじめ、多くの開発機関によるプロジェクト融資は通常インプット・ベースで実施される。学校を建設するプロ

ジェクトであれば、用地、セメント、ボトル、鉄骨、あるいは現場作業員の人件費など、学校という最終アウトプットを作り出すために必要な投入資源（インプット）に応じて、その購入記録と引き換えに資金を提供する方法だ。

　他方、アウトプット・ベース・ファイナンスの場合、資金提供のタイミングは文字通り、成果物（アウトプット）に応じることになる。ソーラー・ホーム・システムの場合には、商品を販売・設置するグラミン・シャクティ等のNGOや企業に対して、「農村部の家庭にソーラー・ホーム・システムが据え付けられ電気が灯る」というアウトプットを確認した段階で、つまり、出来高払いで、資金が提供されるのだ。

　インプット・ベースとアウトプット・ベースの決定的な違いは、プロジェクトの遅れ等によるコスト増の負担を、プロジェクトの発注側（IDCOL）およびそれをファイナンスする援助機関（世銀）側ではなく、プロジェクトを実施する側（グラミン・シャクティ）が負う点にある。なぜなら、事前契約で合意したコストの範囲内でソーラー・ホーム・システムを設置するというアウトプットを出さない限り、インプット購入に必要な費用が提供されないのだから。これは、プロジェクトのアウトプットを可能な限り早く出そうという強いインセンティブを実施機関に与えると同時に、発注側がプロジェクトの成果をタイムリーかつ正確に把握する仕組みが組み込まれるという効果をもたらした。

　バングラデシュの農村部の家庭に、広く、そして次々とソーラー・ホーム・システムを設置し、各家庭の蛍光灯が点灯するという「アウトプット」を出す。そして、その家庭の子供たちの勉強時間が延び、家計所得が向上するといった「アウトカム」、つまり開発成果をもたらす。バングラデシュにおいて、こうした変化が面的・持続的に創出されてきた背景には、地元のNGOや企業、政府系金融機関、そして世界銀行といった多様なアクターが、緊張感あるパートナーシップを組みながら、製品の価格設定、販売方法、そして融資手法などについて、前例にとらわれず試行錯誤してきた物語があるのだ。

世界中に明かりを届けるために

　2012年末現在、グラミン・シャクティがバングラデシュの農村部で販売・設置したソーラー・ホーム・システムの総数は100万台を超えた。これにより、大型の火力発電所一基分に当たる252メガワットもの電力が生み出されている。販売・設置は伸び続けており、現在では月間2万6000台のペースで、ソーラー・ホーム・システムがバングラデシュの農村に提供されている。最近では家庭向けだけでなく、農業用の灌漑設備の電力や携帯電話の基地局の電力をまかなうため、大型ソーラー・ホーム・システムの販売・設置も行われている。

　そして、グラミン・シャクティが購入しているソーラー・パネルは、9割が京セラ製だ。グラミン・シャクティのマネージング・ディレクターを務めるアブセール・カマル氏は、京セラが製造するソーラー・パネルの競争力について次のように語ってくれた。

　「京セラのソーラー・パネルは、確かに中国や韓国製と比べると値段が高い。しかし、京セラの商品は圧倒的に壊れにくいのです。バングラデシュは湿度が高く、またモンスーンの前後は強風や豪雨に見舞われることが多い。こうした環境においても着実に、長期にわたって日光を電力に換えてくれる日本製の商品は、結果として、私たちにとって、お買い得な商品だと思っています。なんといっても、ソーラー・パネルについては20年の保証をつけており、途中で壊れたらそのコストは私たちが負担しなければならないのですから」

　国連の統計によれば、2010年時点で、世界で14億人もの人々が電気なしの生活を送っている。その多くはバングラデシュの農村部やチョール（中州）に暮らす人々同様、送電線網の敷設がきわめて困難な地域で暮らしている。一方、国際エネルギー機関（International Energy Agency; IEA）は、2030年までに全世界の人々が電力アクセスを手にするには、現在の投資額をはるかに上回る毎年360億ドル（約3.6兆円）の資金が必要と見積もっている。ニーズは無限に存在し、資

金はまったく不十分ということだ。ソーラー・ホーム・システムを途上国の農村部も含めて広く継続的に普及していくためには、迅速なプロジェクト実施のインセンティブを実施機関に与え、購買力に乏しいエンド・ユーザーでも入手可能なレベルにまで価格を調整し、具体的な成果をタイムリーに示すことで官民双方の資金を動員できる仕組みが欠かせない。そして道具は既に我々の手にある。

　世界に存在する電気のない村々の数多の家庭に、経済的、社会的、そして地球環境的に持続可能な形で明かりが灯る日は、実はそう遠くないかもしれない。そして、そんな日の実現に向け、アニマル・スピリットを持って前進を続ける新興国の起業家や政府関係者とともに、日本はその技術力と資金力をもって、大きく貢献できるのだ。

chapter

3

未来を切り開く
技術力をどう育てるか

How to develop technological competence to shape the future?

[ものづくり]

最も燃費の良い車をつくる

　バングラデシュが未来を切り拓くのに必要なもの。それは「試行錯誤を通して得られる物作りの力」、「チームで共通の目標に向かう力」、そして「フェアプレーの精神」。
　そう信じて走り続ける男がいる。バングラデシュ青年海外協力隊平成21年度4次隊の大河原俊弥さんだ。

　バングラデシュ南部の町、ボリシャルの職業訓練校でコンピューター講師として活躍する大河原さんと出会ったのは2011年の秋。彼が本業を超えて手掛ける「燃費競技大会（通称エコラン）」のコンセプトと、その先に描かれるビジョンに初めて触れたのもその時だった。エコランとは、「最も燃費の良い車をつくる」ことを目標に、バングラデシュの工科大学の学生たちがチームを作って車を製作、ガソリン1リットルで何キロ走れるかを競い合う大会だ。僕が小学生時代に毎年夢中になって見ていた、意匠を凝らしたさまざまな手作り飛行機が琵琶湖に向けて飛び立つあの「鳥人間コンテスト」を髣髴とさせるこの競技。日本では30年以上前から行われており、最高記録はなんと3000キロを超えるそうだ。

　エコランのコンセプトをバングラデシュにも根付かせ、最終的には、エンジニアを志す全国の若い学生たち参加する「エコラン全国大会」を実現したい……こんな大きな目標に向けた大河原さんの第一歩は小さいが確かなものだった。

　2010年12月、当時利用が停止されていたボリシャル空港の滑走路で開かれた第1回エコラン大会に参加したのは、大河原さんの赴任先であるボリシャル職業訓練校の学生がつくる2チームのみだった。参加学生の数も当初申し込んだ30人から5ヶ月の準備期間を通じて減り続け、最後までしっかり参加したのは5人程度。しかも本番もトラブル続きで、ようやくでき上がった2台のうち走ることができたのは一台のみ。しかし、その1台が1リットルのガソリンで100キロを走ったのだ。共通の目標に向かって皆で本気の試行錯誤を続け何かを成し遂げることの喜びと5ヶ月にわたる苦労

に涙する学生もいたという。

　第1回エコランからさまざまな反省と確かな手応えを得た大河原さんは、その後、バングラデシュ各地にある技術大学、工科大学を駆け回り、大学関係者や学生にエコランのコンセプトとその先にあるビジョンを語り続けた。第2回大会を全国規模にするために……。

試行ラン

　2012年3月9日。週末である金曜日の朝早くから、僕は友人とともに、ダッカ郊外のガジプールにあるイスラム工科大学（Islamic University of Technology）に向かっていた。そこで開かれるのは翌年に企画されていた「第二回エコラン大会」に向けた「試行ラン」だ。いったい何台のエコラン・カーが出場するのだろう？　しっかり走ることができるのだろうか？　どんな形の車が登場するのだろう？　大河原さんがバングラデシュ人の学生たちと描いてきたエコランの過去、現在、そして未来に強く共感していた僕は、笑いあり、涙ありの「鳥人間コンテスト」のテレビ番組が始まるのを待っていた子供の時のように、胸の高まりを覚えていた。

　モダンな建物と美しい緑のグラウンドが印象的なイスラム工科大学に到着したのは朝9時30分。キャンパスには既に大勢の学生たちがひしめいている。人数は軽く100人を超えるようだ。キャンパスに並ぶ形もさまざまな「エコラン・カー」は11台。各チームそれぞれ、試行錯誤の末に創り上げた車体の整備に余念がない。

　前輪横にバングラデシュと日本の国旗を掲げるエコラン・カーがある。第1回大会にも参加したボリシャルの職業訓練校の学生チームの車両だ。華奢な3輪の車体は、少ないガソリンでどこまでも走っていけるよう、できる限りの軽量化を目指した工夫の結果だ。一方で、安定感を重視して4輪のエコラン・カーをつくったチームもある。バングラデシュ北部の都市、ラッシャヒ工科大学のメンバーだ。その少し後ろでは、

鮮やかなサロワール・カミューズ（バングラデシュの主に若い女性向けの民族衣装）に身を包む女子学生たちが、手を真っ黒にして最後の調整に汗をかいている。今回参加する11チームのうち、唯一の女性チーム。チッタゴン工科大学の学生たちだ。

そして、バングラデシュ北部の主要都市ラッシャヒからやってきた、ラッシャヒ工科大学（通称RUET：ルエット）のチームの姿もある。おそろいのポロ・シャツも作って団結力をアピールするルエットのメンバーは、「エコ・ファイター！」と名付けた愛車を囲んで気勢を上げる。気合十分だ！

今回は試行ランということで、参加チーム一斉スタートの競争はせず、1台ずつキャンパスを周回し、そのスピードや走行距離、操縦性、重さ、そして作成コスト等をチェックするのが目的だ。今回得られた教訓を糧に、学生たちは翌年に開催予定の本番に向けて、チャレンジを続けることになる。

大河原さんは、試行ラン全体の運営、そして各チームへのコーチングに駆け回る。カラリと晴れ渡った空から照りつける太陽は、エコラン・カーや学生たちの影を次第に濃くし、地上の熱気を高める。作業着姿で駆け回る大河原さんの額には汗がにじむ。学生たちは、それぞれの作業やおしゃべりに夢中で、全体がまったく見えていないようだ。決められた時間になっても、所定の場所に動こうとするチームは少ない。

「おい、早く移動しろと何度も言っているだろ！」
「そこ、ヘルメットをつけずに絶対に運転するな！　何度言ったらわかるんだ‼」
　大河原さんのベンガル語の怒声がキャンパスに響き渡る。元自衛官でもある大河原さんの一喝は迫力満点だ。ダラダラとしていた学生たちの動きも引き締まる。ようやく11台のエコラン・カーが横一直線に並び、試行ランの準備が整った。

　最初のチームはボリシャル職業訓練校チーム。彼らの試行錯誤の結晶であるエコラン・カーが、今、鋭いエンジン音を

（左）エコラン・カー（ボリシャル職業訓練校）
（右）エコラン・カー（ラッシャヒ工科大学）

あげながらスタート地点を飛び出した！　広々としたイスラム工科大学のキャンパスに響き渡る鋭いエンジン音と若い歓声。100名を超えるバングラデシュ人学生の視線の先にあるのは、「1リットルのガソリンで、どこまで走っていけるか」をテーマに、チームで創り上げたエコラン・カーだ。

　第一走者となったボリシャル職業訓練校の学生は、細身のエコラン・カーを巧みに操りカーブを切った。その後をチームの仲間が歓声を上げながら追いかける。大河原さんは腕組みをしながら厳しい視線でエコラン・カーを見つめている。

　第一走者が無事スタート地点まで戻ってきた。前年のボリシャル空港での教訓が活きたのだろうか、途中故障することもなく見事にキャンパスを一周しゴール・ラインをクリアした。素晴らしい！　続いてラッシャヒ工科大学、ダッカ工科大学と試行ランは続く。しかし、走行途中でエンジンの調子がおかしくなり停止してしまう、スピードが出すぎてカーブを曲がり切れずクラッシュしてしまう等、トラブルが続出。唯一の女子チームであるチッタゴン工科大学の車両は走り出すこともできない。必死にエンジン調整をするチーム・メンバー。何とかしたい。何とかしなきゃ！　眉間の皺は深まり、額には汗が滲む。本番さながらの緊張感の中での試行ランだからこそ発生するさまざまなトラブル。歓声と苦悶のうなり声が交差する。

　試行ラン開始から1時間。意を決した表情で女子チーム

chapter 3　未来を切り開く技術力をどう育てるか　45

の一人がヘルメットをかぶり、狭いコックピットに華奢な体をもぐり込ませた。ハンドルを握りアクセルを踏み込む。

　しばらくの沈黙の後、車は突如発進。彼女はバランスを崩しながらも必死でハンドルをさばく。大声を上げながら走る仲間たちが後に続く。会場は拍手に包まれた。イスラム工科大学のキャンパスを周回して無事スタート地点に戻ってきた女子学生。やけに大きく見えるヘルメットから解放された彼女の表情は安堵と喜びに満ちていた。

　しかし、大河原さんの仕事は終わらない。試行ランを終えたチームを一つ一つ回り、車体の構造やハンドルの操作性、重量等、さまざまな視点から、チームを指導していく。その表情は厳しく指摘は容赦ない。学生たちも真剣な表情で耳を傾け、率直な質問をぶつける。まるで自らの製品に誇りを持ち、決して妥協をしない職人が、若い工員を叱咤激励する町工場の風景のようだ。日本の経済成長の基盤を作ってきた数多くの中小企業の町工場では、きっとこういう本気の指導と挑戦が受け継がれてきたのだろう。

技術力向上の先にあるビジョン

　午後3時。キャンパスに響き渡っていた歓声は、次第に柔らかくなっていく日差しのなかで、少しずつ静寂に取って代わられていく。ようやく一息を付いてコーラで喉を癒す大河原さんをつかまえて、エコランに掛ける想いやその先にあるビジョンについて語ってもらった。

「バングラデシュが将来を切り拓いて行く上では何が必要か。それは決められたことを決められた通りにやって満足する状況から抜け出し、自分たちで創意工夫を繰り返しながら、新しいモノを作り出していく力です。学生たちにはエコランを通じて、失敗から学び、直面した壁を自ら乗り越えていく力をつけていってほしい。そしてその過程を大いに楽しんでほしい」

学生を指導する大河原氏

　アパレル産業を中心に近年目覚しい経済成長を遂げるバングラデシュ。しかし、たとえば繊維製品を作り上げるのに必要なミシンはすべて輸入頼み。製造業についてみても、たとえば、MADE IN BANGLADESH を謳う電化製品やバイクを製造・販売するウォルトン（WALTON）は安価な商品と頼りがいのあるアフターサービス、そして分割払いの積極的な活用による顧客の負担感の軽減などの企業努力を通じて、目覚しい成長を遂げているが、基幹部品はすべて外国製。ウォルトンの提供できる付加価値は、組み立てと販売、アフターケアに留まっている。「安価で豊富な労働力」はこの国の大きな強みだが、バングラデシュがこれだけに甘んじていたのでは、高付加製品やサービスを自分たちの手で作り出せる日はやってこない。そして、多くの労働者は、牛革加工や船舶解体、レンガ工場、あるいは出稼ぎ先の中東地域の工事現場といった、キツイ、キタナイ、キケンな「3K職種」に甘んじ続けることになる。

　しかし、この状態から脱却するための資産を、バングラデシュは持っているのだ。それは平均年齢が 24 歳という数字が示す、大勢の若者たちだ。平均年齢が 46 歳となった日本から見れば、国に「人口ボーナス」をもたらす豊富な若者たちの存在はうらやましい限り。そんなバングラデシュの若者たちが、柔軟な発想力と失敗を恐れない精神を持ってものづくりに

トライする機会であるエコランは、この国の技術力を高める基盤となるのだ。

　そして、大河原さんのビジョンは技術にとどまらない。

「エコランは技術を身に付けるためだけの機会ではない。エコラン全国大会が実現し、さらに、バングラデシュの毎年の恒例行事として、全国各地の職業訓練校や技術大学校が競い合う国民的イベントとなれば、それぞれの地元の人々も地元代表を懸命に応援するでしょう。まさに、甲子園を目指す高校球児と彼らに声援を送る地元のつながりと同じです。それを通じて、皆で共通の目標に向かう力、そしてフェアプレーの精神がバングラデシュに定着していく。これはこの国の「汚職」をなくしていく上で、大きな力となるはずです」

　世界銀行やJICAなどの開発機関がプロジェクトを実施していく上で、必ずと言っていいほど直面する巨大な、しかし目に見えない壁が公共機関の「Weak Institution」。「Institution」とは日本語に訳しにくい言葉だ。辞書を引くと「機関」「制度」「慣例」といった字句が並ぶが、僕は「組織力」だと捉えている。それはすなわち、枠組みとしての「組織」や、その組織を動かすための「ルール・慣例」、あるいは十分な人員や設備といった物理的な事柄に加え、組織のメンバーが共有するミッションやゴール、メンバーを目標に向けて自ら積極的に歩ませる動機付けや相互学習、あるいはメンバー間の連帯感や共感、すなわち仲間意識がコアとなる概念だと考えている。

　これらがバングラデシュでは、特にその政府部門では著しく欠けているのだ。エコランというグループ・ワークを通じて、こうした「Institution（組織力）」を高める「人財」がきっと育っていくだろう。それは、高度な技術を持続的に生み出していく組織をつくる上でも不可欠な要素だろう。

　そして「フェアプレーの精神」。贈収賄や横領、あるいは政府職員やその家族が私企業経営に関わって公の資源を我田

引水する利益相反等、あらゆるタイプの汚職が、この国には残念ながらはびこっている。それは、多くの開発プロジェクトの成果を遠ざけるばかりか、「正直者がバカを見る」風潮として社会に根を張り、納税意識を低め、援助頼みの状況からの脱却を阻む。エコ・ランへの参加を通じて、そしてエコランに参加する学生たちにエールを送ることを通じて、この国の人々が、フェアプレーの大切さ、楽しさ、爽やかさに集団として強い気付きを得れば、システムとして定着してしまった汚職文化を、自ら変えていこうという波が生まれるかもしれない。

　インタビュー終了後、最後に残っていたチームの元に大河原さんは駆け戻っていった。向き合うのは、目の前にある車両、そして若者たち。しかし、彼の目指す北極星は、その先にある。バングラデシュのこれからの国づくりに必要な、目には見えない三つの大切なモノだ。

　「僕はいつかはこの国からいなくなる。僕なしで、バングラデシュ人の若者の手で、エコランが継続し拡大していくことができるか。それが成功の定義です」

　そう、北極星に向かって、運転席に座り、勇気を持ってアクセルを踏み込み、故障も乗り越えて進んでいくべきは、ほかならぬバングラデシュ人の若者たちなのだ。エコ・ランは、そんな志を持ったバングラデシュ人の若者たちの、若者たちによる、若者たちのための物語なのだ。そして彼らの物語は、1年後、ダッカにて開催された「第1回エコラン全国大会」でひとつのクライマックスを迎えることになる。

遂に開催！　エコラン全国大会

　2013年3月15日。ひょっとしたら将来、バングラデシュの産業史に刻まれる記念日となるかもしれないこの日の空は、突き抜けるように青く、雲ひとつなかった。リキシャに揺られながら朝の街を駆ければ、からりとした風が清々しく体を撫でる。そしてぐんぐんと上がる気温。この日ダッカの最高

気温は34度を記録した。そんな「春」真っ盛りの日に（バングラデシュの夏はもっと暑く、そして耐えがたい湿気に支配される）「エコラン・バングラデシュ全国大会」がダッカの「ボンゴ・ボンドゥ国際会議場」の広々とした駐車場で開催された。

「ボンゴ・ボンドゥ（バングラデシュ初代大統領ムジウル・ラーマンの愛称）国際会議場」は、その名の通り、国賓クラスを招いての国際会議を実施するために作られたバングラデシュの中でもっとも立派で規模の大きな施設。午前9時30分の開会を前に会場に入ると、そこは既に大勢の人々の熱気で満ちている。そして、初のエコラン全国大会の実施を告げる巨大なバナーや協賛企業の立看板が所狭しと並べられている。

大会の方針は、バングラデシュの主要工科大学の教授陣、JICAスタッフ、そして協賛企業の役員で構成される運営委員会で決定し、フルタイムのイベント・マネージャーとして雇われたバングラデシュ工科技術大学卒の優秀な若者が、大会実施に向けた具体的な段取りや運営を担ったという。会場で配布された立派な冊子をめくれば、招かれたゲストとして、JICAのバングラデシュ事務所長、日本大使館の参事官、そしてバングラデシュ政府の商業大臣、教育省事務次官など、そうそうたる顔ぶれが並んでいる。

「晴れ舞台」というにふさわしいこの場に、主役として参加するのは、バングラデシュ工科技術大学、チッタゴン技術工科大学、ラッシャヒ工科技術大学、イスラム技術大学、ボリシャル職業訓練校、そして軍の科学技術研究校の6校の若者たちが、チームを組んで作り上げた5台の四輪車、10台の三輪車だった。

ふと、長い黒髪を掻きあげてヘルメットをかぶり、その華奢な体を四輪のエコラン・カーに滑り込ませた女子学生の姿に目が留まった。確かに見覚えがある。そう、この1年前にダッカ郊外にあるイスラム工科大学のキャンパスで開催さ

れた試行ランで僕は彼女を見かけたのだった。

　あのとき、チッタゴン技術工科大学（CUET）の女子学生である彼女のチームが作り上げたエコラン・カーは、エンジン・トラブルで走り出すことができなかった。調整は数時間に渡り、もうイベントも解散か……と思われたその時、唸り声のようなエンジン音とともに急発進したその車のハンドルを必死でさばき、キャンパスを一周したのが彼女だったのだ。走り終えた後の彼女の表情、そして、歓声を上げながら急発進した車を追いかけていったチーム・メンバーの躍動感に満ちた背中に、鳥肌が立つような感動を覚えたのが、昨日のようだ。

　それから1年。いかにしてエンジンの動力を無駄なく車軸に伝えることができるか。風の抵抗が少なく、軽い車体をどうデザインし、それをどのように具体的な形にするか。カーブを曲がりきることのできる安定感をどうやって保つか。部品や道具はバングラデシュのローカル・マーケットで手に入るのか。そして、全体の予算を10万タカ（約10万円）の上限に押さえ、かつ試行ランも含めて期限内にしっかり完成品を作り出せるのか。学生たちは、数々の難問・難関を、頭を働かせるだけでなく、工房の中で手を動かし、車体の下にもぐりこみ、ローカル・マーケットに足しげく通いながら、

スタート直前のCUETチーム

突破してきたのだ。そんな努力と試行錯誤の結晶が、今、ダッカの春の陽光の下で輝いている。いよいよ、レースがスタートだ。

　審判員が1リットルのガソリンを、エコラン・カーにすえつけられたシリンダーに注ぎこむ。レースは、ボンゴ・ボンドゥ国際会議場の駐車場を3周し戻ってきた車のガソリン消費量を競い合う。もちろん、最も消費量が少ない「エコな」車が勝者だ。

　拍手に包まれながら次々とスタートを切るエコラン・カー。前年の試行ランの際は、なかなか動き出さないと思ったら急発進をする車や、カーブを曲がり切れずリタイアしてしまう車が目立ったが、1年を経たこの日、スムーズにスタートを切る車の数が圧倒的に多く、金属音が触れ合うノイズやエンジンを吹かす音も少ないことに気づく。そして、進化を遂げたエコラン・カーが広々とした国際会議場の敷地を回る姿を、静かに見つめる人物がいる。この巨大なムーブメントを牽引してきた大河原さんだ。

　3年前、バングラデシュ南部の地方都市ボリシャルで、勤務先だったボリシャル職業訓練校の学生たちに、日本では歴史あるエコラン・イベントの興奮と可能性、そして、その先にある夢を語り、彼らの情熱に火を灯したのが出発点だった。その後、2010年12月にボリシャル空港の滑走路で開かれた初のエコランに参加できたのは、職業訓練校の学生がつくる2チームのみ、そして実際に走ることができたのは1台のみだったことは、既に触れた。そして、その後も、大河原さんの全力疾走は続いた。バングラデシュ全土を、船で、ローカル・バスで、そしてその両足で駆けずり回り、エコランにかける思いとビジョンを語り続けてきた大河原さん。そんな彼の背中にひきつけられ、ともに走り出す学生たち、そして本気になって応援しようという教授陣の数は増え続け、ついにJICAやバングラデシュ政府も本格的に支援をするに至ったのだ。

大勢の観衆の声援がこだまするボンゴ・ボンドゥ国際会議場で、純白の作業服に身を包み、白い帽子を深々とかぶってエコラン・カーが次々と目の前を駆け抜けていく様子を見守っている大河原さんは、今、何を感じているのだろうか？
　その視線や姿勢、そしてアクションによって学生たちに何を伝えたいのだろうか？

技術立国の未来の担い手たち

　ひときわ大きくなる歓声に我に返ると、ゴールに入ってくるライト・ブルーの車体が視界に飛び込んでくる。車体とお揃いのライト・ブルーのTシャツの学生たちが歓声をあげながら、スムーズなゴール・インを遂げたエコラン・カーの周りに集まってくる。コックピットから立ち上がり、ヘルメットをはずしたのは、チッタゴン工科大学の彼女だった。思わず駆け寄っていく自分がいた。

「おめでとう！　すばらしい走りだったね‼　昨年のイスラム工科大学でのイベントにも出ていたよね？」
「ありがとうございます‼　今回はちゃんと走れてよかったぁー。本当によかった」
「もしよかったら、少し話を聞かせてもらいたいのだけれど……なぜ、エコランに参加しようと思ったのかな？」

　突然の僕からの質問に、彼女は、息を弾ませながらこう答えてくれた。
「コンセプトにすごく興味があったんです。車の速度を競い合うのではなく、燃費の良い車を作るというコンセプト。今のバングラデシュにとってすごく大事だと思ったんです。今、チッタゴンは大気汚染が深刻です。それに燃料も足りない。ガスの値段はどんどん高くなっていますよね」

「なるほど、確かにそうだね。ところで、エコランに参加している女子の数って少ないよね？　男子ばかりのレースに参加するのは、抵抗はなかったの？」
「逆ですよ。女子が少ないから参加したんです。私が参加する

と言ったら、加わってくれた女友達もいましたし。来年からは後輩の女子ももっと参加すると思いますよ」

「ごめん、順番が逆になってしまったのだけれど、名前と学年を教えてもらえる？」
「アルディーラ、チッタゴン工科大学の3年生です」
「3年生なんだ。もうすぐ就職活動も始まるんじゃない？将来はどうしたいの？」
「そうですね、バングラデシュの国内の企業に就職して、もっといろいろなものづくりに挑戦したいです」

　まぶしい笑顔を残して、彼女は仲間の元に駆け戻っていった。相変わらずゴール付近で淡々と記録をとる大河原さんの姿がある。彼の思いは、ものづくりの楽しさを知り、試行錯誤とグループワークの大切さを学んだ、アルディーラさんのような「技術立国バングラデシュ」の担い手に、確かに届いているようだ。

　ボンゴ・ボンドゥ国際会議場の熱気は気温の上昇とともにグングンと高まる。スタートを切ったエコラン・カーが会場を3周して戻ってくると、すぐにレフリーが駆け寄り、車両に据え付けてある燃料用シリンダーのメモリを確認、ガソリンの使用量をチェックする。狭いコックピットから下りてヘルメットを脱いだドライバーの学生は、安堵と興奮が混じりあった笑顔を仲間に向けながらハイタッチを交わす。会場が歓声と拍手に包まれる。

　一方で、いったんスタートラインに並んだものの、走り出すことができない車もある。学生たちは会場脇に車を移動させ、作業用具箱を広げ突貫工事に入る。エンジン・カバーを開け、車輪と車軸の接続を確認するも問題点は見つからないようだ。
「この前、うちのキャンパスで試したときは、ちゃんと動いたんだ……」
　焦りと失意が浮かぶ彼らの背中を、太陽が容赦なく照りつける。滲む汗、会場にこだまする金属音、そして無情に過ぎ

入賞したCUET（アルディーラさん）のチーム

ていく時間。真剣勝負のレースだからこそ、結果は冷徹だ。そこに妥協や抜け道、交渉の余地はない。動くものは動くし、動かないものは動かない。ものづくりの厳しい現実が、学生たちの前に立ちはだかる。

結局「第1回バングラデシュ・エコラン全国大会」という晴れ舞台で、見事完走することができたのは、エントリーした15台のうち10台だった。

休憩をはさんでいよいよレースの結果が発表される。JICAバングラデシュの戸田事務所長と、グラーム・ムハンマド・クワダー商業大臣がステージに上がると、これまで会場を支配していた歓声が静寂と緊張に取って代わられた。参加チームそれぞれに参加賞が授与され、いよいよ3輪・4輪それぞれの部門における最優秀賞の発表だ。

「第1位、BUET‼（バングラデシュ工科大学）」

会場の一角からわきあがった雄叫びが、大臣の声をかき消した。そして「ブーエット‼　ブーエット‼　ブーエット‼」という地鳴りのようなコールが続く。抱き合い、ハイタッチを交わしながら勝利の喜びをかみ締めるBUETのチーム・メンバー。バングラデシュ最高峰の工科大学であるBUETは3輪部門、4輪部門ともに、優勝の栄光を手にした。

続く第2位に輝いたのはCUET（チッタゴン工科大学）。アルディーラさんのチームだ。おそろいのライト・ブルーの

chapter 3　未来を切り開く技術力をどう育てるか　55

ポロシャツと弾ける笑顔、そして雲ひとつない空に突き上げられたVサインが、まっすぐな陽光の下でキラキラ輝いている。人生に深く刻み込まれるであろうアツい青春の一ページを、今この瞬間、全身で謳歌している若い学生たちを、春風にそよぐバングラデシュと日本の国旗が温かく見守っている。「勝利の喜びを、敗北の悔しさを、さらなる挑戦への動力とするんだ。君たち一人ひとりが"技術立国バングラデシュ"という未来の担い手なんだ！」そんなメッセージを投げかけながら。

確かな成果は現場の試行錯誤から

初の全国大会実現に至る3年という長い月日を通じて、若者たちを焚き付け、叱咤激励し、そして二人三脚で走り続けてきたエコラン・バングラデシュの原動力、大河原俊弥さんは、大会を振り返ってこんな風に語ってくれた。

「エコラン全国大会を実現した今、バングラデシュの大学生たちに一番伝えたいこと……それはもちろん『どうだ、ものづくりって楽しいだろう!?』 これに尽きます」

「頭で考えるだけではない、喧々諤々議論するだけでもない、思い描いたものを実際に具体的な形に落とし込む作業。これが本当に難しく、そして楽しい。失敗を重ねながら少しでも完成度を高めていくそのプロセスを、これからも大いに楽しんでもらいたい。来年以降もエコラン全国大会を続けていくことで、負けた悔しさ、勝った喜びを次に活かす機会が生まれるし、また、先輩と後輩同士の共同作業を通じた新たな絆も生まれるはずです」

「初のエコラン全国大会に敢えて点数をつけるとしたら……そうですね、60点というところでしょうか。いえ、別に厳しすぎるわけではないと思いますよ。実際にエントリーした15車のうち、しっかり完走できたのは3分の2でしたしね。それに、今回はJICAとバングラデシュの共同開催ということで、大会に必要な資金もJICA側から出ています。来年以降、

バングラデシュ側の単独開催、そして JICA の協賛という形にして、よりいっそう、バングラデシュの工科大学とそこで学ぶ学生たちが、資金面でも運営面でも独立していかなければなりません」

　大河原さんの視線は常に前にあり、その行動は常に現場にある。そんな大河原さんと語りながら、僕の脳裏に昔聞いたひとつのエピソードが蘇った。

　1950 年代前半。まだバングラデシュが東パキスタンだった時代に、4 人の日本人農業技術者がベンガルの土地にいた。当時のメディアや政府の高官は「ズボンの裾を膝までまくり上げ、はだしで泥田に入り込み、農家とともに田植えに勤しむ日本人技術者」の姿に驚嘆したという。何しろ、当時の東パキスタンの農業普及員と言えば、日傘を差しながら、田んぼの畦に立って、農家にああしろ、こうしろと指示を出すのが当たり前の姿だったのだから。

　それから半世紀以上を経た現在、バングラデシュの農村を訪問した日本人は、日本の農村を髣髴とさせる整然と列を成す水稲に出会うだろう。そして 40 年前の独立時と比較して 2 倍以上に増加した 1 億 5000 万人という巨大な人口にもかかわらず、ほぼ 100% の自給率を達成したバングラデシュの米の生産力の高さに驚くだろう。こうした持続的で確かな開発成果の陰には、暑い太陽と容赦ない風雨の中で日々汗をかく現場の農家と徹底的に向き合い、彼らの声に耳を傾け、ともに試行錯誤を続け、そして必要な改善を自らの行動で示してきた日本人農業技術者の姿があるのだ。

　そして今、バングラデシュは 2021 年までの中所得国入りを目指して第 2 次産業の基盤強化に官民を上げて取り組んでいる。そして、既に世界第 2 の輸出量を誇るアパレル産業に加え、冒頭でも紹介した強力な製薬産業、食品加工業、そして "Our Product" のキャッチ・コピーで知られ、MADE IN BANGLADESH の冷房、冷蔵庫、そしてバイクまでをも生産するウォルトン等の製造業など、バングラデシュのきわめて

多彩で裾野の広い地場産業の存在を知れば、その目標が、決して非現実的なものではないことに気付くだろう。もちろん、課題も多い。たとえば、上述の産業が真に競争力を持つには、縫製業であればミシン、製造業であれば金型、製薬業であればAPI（Active Pharmaceutical Ingredients：医薬品有効成分）、バイクであればエンジンといった、付加価値の源泉となるインプットや装置を、輸入ではなくバングラデシュ人の手で作れるようにならなければならない。

　しかし、バングラデシュには、こうした大きな課題を乗り越えていく上で必要な資産がある。それは国全体の平均年齢が24歳であることに象徴される、大きな若い力だ。エコランに参加したような若者たちが、ものづくりの魅力を知り、その背景にある規律あるグループ・ワークや試行錯誤と創意工夫の大切さを全身で学んでいけば、この国は、その可能性を大きく開花できる。そして、日本人は、バングラデシュ人が自らの力で飛翔する上で、パートナーとして大きな力になれるのだ。バングラデシュの大学生とともに汗をかく大河原さんや、60年前にベンガルの大地で農家とともにあった日本人農業技術者たちが、その背中と行動で示したように。

chapter

4

すべての子どもに
チャンスを与えるには
How can every child get oppotunity for education?

[教育]

村の教室アナンダ・スクール

　国づくりは人づくり。教育は国家の礎であり、継続的な投資と革新が求められる。これはバングラデシュでも変わらない。教育にかかわる多様なステーク・ホルダーがパートナーシップを組みながら、前例にとらわれない革新的な方法で、質の高い教育を子供たちに届けるべく奮闘を続けている。

　バングラデシュの政府と人々の努力、そして諸外国や国際機関からの支援により、バングラデシュの小学校入学率は2000年の65％から2010年には約77％まで向上[1]した。しかし、入学した子供たちの約半分が卒業前に中途退学してしまうという現実もある。一家総出の作業が必要となる農作物の刈入れ時期と学校の試験の時期が重なること、学校が遠く、特に雨季には子供たちが通学するために小船などに乗らなければならず安全面や経済面でのコストがさらに高まること、そして、「女子に教育は必要ない」という文化的・宗教的な固定観念など、背景にある事情はさまざまだ。

[1] Net Enrolment Rates by Educational Level in Bangladesh (2000-2010) " 出展：Household Income & Expenditure Survey 2005 and 2010"

　しかし、子供たちが教育機会から遠ざかれば遠ざかるほど、貧困の連鎖は続く。基礎教育の機会を逸した子供の人生の選択肢の数は限られ、花開いたかもしれない可能性は蕾のまま終わる。仕事の生産性を上げる術を会得することもおぼつかず、人生を歩む上で直面するさまざまなリスクを自らコントロールできる範囲を広げることもできない。こうした人々の数が減らなければ、この国はさまざまな外的・内的なリスクに脆弱であり続け、経済・社会の力強い発展も期待できない。

　バングラデシュ政府は、「2015年までに小学校の中途退学をゼロにする」との目標を掲げ、教員の数と質、そして学校の設備の向上に力を入れている[2]。しかし、既存の小学校の質を高めても、そこに子供を送り、卒業まで学び続けさせる上で発生するコストが下がらなければ、中途退学は減らない。農村の低所得層にとって、学業ではなく家事手伝いに子供を従事させていれば得ることができたかもしれない便益、つま

[2] Government of Bangladesh " National Plan of Action for Education for ALL 2002-2015"

り機会費用は大きく、また、農村部に特有の文化的、社会的、物理的な壁は高い。

　どうしたら、さまざまな理由で初等教育から中途退学をしてしまった子供たちを、再び学びの場に呼び戻すことができるだろうか？　そんな場所はどうやったら創ることができるだろうか？　そして、自らの人生をリードし、国創りの主体となる「人財」へと子供たちを育てるには、どうしたらよいだろうか？

　こんな疑問と、試行錯誤を繰り返しながら向き合い、確かな成果と大いなる教訓を残してきたのが、バングラデシュ政府・草の根のNGO・コミュニティの人々・世界銀行の4者が協働する「学校に通っていない子どもたちへの支援（Reaching out-of-school Children; ROSC）」プロジェクトだ。

　2005年にスタートしたROSCプロジェクトは、特に農村部で小学校を中途退学してしまった、あるいは小学校に入学すらできなかった子供たちに、小さな教室を村々に創って教育機会を再び与え、小学校修了試験をパスして中学校へ進む力を身につけさせることを目的としている。

　村の教室の名は「アナンダ・スクール」。「アナンダ」はベンガル語で「喜び、楽しみ」を意味する。2005年のプロジェクト開始から8年を経て、特に中途退学率が高い90の郡に2万3700のアナンダ・スクールが創られ、約84万人の子供たちが、一度は失った初等教育の機会を得ている。アナンダ・スクールに通う小学生のうち約90%が小学校修了試験をパスし、70%が晴れて中学校へと進学している[3]。なお、この中学校進学率は、普通の公立学校の全国平均よりも高い。さらにアナンダ・スクールの生徒のうち121人が、修了試験できわめて優秀な成績をあげたことから、国からの奨学金を得て中学に進学[4]しているのだ。こんな成果をもたらしているアナンダ・スクールは、通常の小学校とは異なる以下のような特徴を備えている[5]。

[3] World Bank "Implementation Status and Results Report, June-05 2013, Reaching out-of-school children project in Bangladesh"

[4] Bangladesh, Ministry of Primary and Mass education

[5] World Bank "Project Appraisal Document, Bangladesh: Reaching out-of –school Children Project"

chapter 4　すべての子どもにチャンスを与えるには　　61

- 教室はひとつだけで、先生も一人。学年もひとつだけ。
- 1クラスは最低25人から最大で35人と、公立小学校と比べ少人数。
- 学校の場所、授業時間、試験の時期、カリキュラムの決定などは、アナンダ・スクールの運営委員会が村の状況に応じて決める。運営委員会の委員は、アナンダ・スクールに通う子供の母親5人、アナンダ・スクールの先生1人、郡の教育担当官（初等大衆教育省の職員）1人、村議会の女性議員1人、近隣の公立学校の先生1人、アナンダ・スクールの先生への研修を実施するNGOの職員2人の計11人で構成される。なお、委員会の議長は5人の母親のうちから選ばれる。
- アナンダ・スクールに通う子供たちには、1年生～3年生は毎年800タカ（約800円）、4年生～5年生は毎年970タカの教育手当てが支給される（バングラデシュの初等教育は1年生から5年生まで）。支給には、少なくとも75％以上の出席率と、担当の先生による学力評価で「Satisfactory（十分）」を得ることが条件とされる。
- アナンダ・スクールには、子供の数に応じて年間約2万5000～3万タカの補助金が支払われる。補助金は先生の給料、学校の設備や教科書等の購入に充てられる。補助金の使い道は上記の委員会によって決定される。

　注目すべきは、教育手当ての支給により、村の低所得層が子供を学校に通わせる上で発生する機会費用を減らしていること、そして、学校の運営に生徒の母親やコミュニティの代表が関わることにより、生徒と親のニーズに応じた運営ができる仕込みが盛り込まれている点だろう。これにより、たとえば村が農作物の収穫で特に忙しい時期のみ学校開始時刻を遅らせる等、家庭のニーズに合わせたフレキシブルな運営が可能になるほか、先生が毎日しっかり学校に来ているか、支給された補助金が所定の目的に使われているか、といった学校運営に関するモニタリングについても、日常的にコミュニティの目が行き届く仕組みとなっている。

　こうした手法を組み合わせたROSCプロジェクトは、バン

アナング・スクールの様子

グラデシュ政府・草の根 NGO・コミュニティ・世界銀行の協働によりデザインされ、実施されている。そして、ROSC プロジェクトのマネージャーであるバングラデシュ初等大衆教育省のアタウル・ハウク氏は、行政と NGO との連携がもたらす可能性と困難について以下のように語ってくれた。

行政と NGO の連携の難しさ

――このプロジェクトの成功のために、草の根の NGO との連携は不可欠でしたが、同時に、それは最も困難なハードルの一つでもありました。まず、NGO との連携が不可欠な理由はシンプルです。政府がプロジェクトの成功に必要な情報を持っていないからです。たとえば、小学校から中途退学をした子供をターゲットに学校を作ろうにも、実際そうした子供たちがどこにいるのか、政府には知る術がありません。つまり、どこにアナンダ・スクールを作れば最も効率よく中途退学をした子供たちにアクセスできるのか、政府には判断できないのです。従って、これまで、極貧層や障がい児など、正規の教育制度にアクセスできていなかった人々に教育を提供してきたローカルの NGO をパートナーとするのは、本プロジェクトが成功する上での必須条件だったわけです。

chapter 4　すべての子どもにチャンスを与えるには

しかし、当時、政府－NGOの協働事例はバングラデシュに存在しなかったことから、当初、NGO側の警戒感は非常に高かったのです。これまで自分たちが取り組んできた領域に、政府が世銀の資金をもって"荒らしに"やってくるんじゃないか、そんな雰囲気でした。また、郡事務所で働く現場の政府職員にとっても、「どうして政府のリソースをNGOに与えて彼らの能力強化を我々が手伝ってやらなければならないのだ」という反発もありました。その両者が、このプロジェクトの主役は、政府でも、NGOでもなく、学校運営委員会を構成するコミュニティであるという理解を共有するには、多くの対話が必要だったのです。

　我々のパートナーNGOを選ぶに当たり、「当該コミュニティで5年以上の活動歴があり、教育サービスの提供分野で3年以上の実績がある」との基準を設定したこともあり、プロジェクトが回り始めると、草の根のNGOは確かにパワフルでした。彼らは、中途退学をしてしまった子供たちがある程度の人数固まっている村のコミュニティをしっかり見極めました。そして、ROSCプロジェクトの目的や内容について、コミュニティのメンバーと共有するための集会を開き、巧みに村の人々を巻き込んでいきました。さらに、読み書きもできず、まして学校運営のノウハウなど持たない、しかし、子供の将来に強い関心を持つ母親たちが、学校運営の主体である運営委員会のメンバーとしての役割を果たせるよう、しっかりガイドをしていったのです。

　しかし、次第にこうした草の根NGOが別な問題をつくりだすようになります。バングラデシュで長年草の根で活動してきたNGOの中には、コミュニティの政治家や地域の有力者と強いつながりをもっているものも多い。それ自体は悪いことではないですが、ROSCプロジェクトに関わる草の根NGOの一部が、次第にその政治的な影響力を濫用するようになったのです。たとえば、本来母親たちが主体となるべき運営委員会の議論を、草の根NGOが牛耳るケースも目立ってきました。「ガイドする」ことと「牛耳る」ことを隔てる壁はとても薄いですが、母親たちが疑問に思ったことを

口に出せなくなる雰囲気が運営委員会で発生しているとすれば、それはその委員会の状況が悪くなっている一つの証拠です。これにより、アナンダ・スクールの先生が、実力ベースで選ばれるのではなく、NGOとつながりのある有力政治家の知り合いや親戚が選ばれるようになる。あるいは、「アナンダ・スクール向けの補助金は子供の数に応じて支払われる」とのルールを悪用して、実際は公立学校に通っている子供を、アナンダ・スクールに通っていると見せかけて虚偽申請をし、余分にとった補助金の一部を、NGOが自らの活動資金に充当している、という事態も発生してしまったのです。

　近隣の公立小学校の先生や、郡議会の女性議員、あるいは我々の地域事務所である郡事務所の教育担当官を運営委員会のメンバーにしたのは、こうした不透明な政治力を排除するためでもありました。彼らは本業が忙しく、月1回の運営委員会の出席率も低調でした。残るは文字も読めない5人の母親と若い女性の先生、そして、経験・実績・政治力を持った草の根NGOの職員。振り返ってみれば、パワーバランスが不健全な方向に崩れてしまいやすい仕組みだったといえるかもしれません。――

罠を回避するために

　プロジェクト・マネージャーが語ったこうした困難は、「地域の声の反映」や「貧困層のエンパワーメント」といったお決まりのフレーズで美化されやすい「コミュニティ主体の開発」が陥り易い罠、俗に言う「Elite Capture（エリートの独占：貧困層に配分されるべき資源を地元有力者が牛耳る現象）」を如実に語っている。

　つまり、政府は常に汚職や非効率の温床として批判の的となっているが、このことが直ちに、草の根NGOが政府よりもクリーンで、賢く、そして受益者のために行動しているということを意味するものではないということだ。草の根にも政治や利権はある。「草の根のプロジェクトだからコミュニティの監視の目が行き届く」という公式は、そこに、もてるリソースや権限が平衡する複数の主体が、相互に説明責任を

果たすメカニズムが組み込まれて初めて成り立つものであることを、ROSC プロジェクトの初期の困難は教えてくれている。

　こうした問題を前に、ROSC プロジェクトは 2009 年に二つの改革を実施した。一つは、学校運営委員会が教員を選ぶ仕組みを改め、郡の教育委員会の管理下で実施される透明性の高い採用試験と面接と面接を導入したこと。もう一つは、新設するアナンダ・スクールの運営委員会について、立ち上げ当初は草の根 NGO をメンバーとして迎えてその力を借りるが、その任期を 2 年に限定したことだ。さらに、既に運営を開始して数年を経ているアナンダ・スクールの運営委員会のメンバーからは草の根 NGO を外した。これにより、NGO の存在が悪い形で学校運営に影響を及ぼし始める前に、運営委員会のメンバーとなった母親や若い先生が、できる限り早く、学校を運営する力を身につけるインセンティブが盛り込まれることとなった。こうした改革の意義を、僕が訪問したマイメイシン県トリシャル郡のアナンダ・スクールで 2007 年から子供たちを教えている 20 代前半の女性教師は、次のように語ってくれた。

「以前は、何でも NGO の職員がやってくれました。彼らはやりすぎていた、とも言えるし、私が彼らに頼りすぎていた、とも言えるかもしれない。今では、運営委員会の事務局機能は私がほとんど担っています。生徒の出席管理、ミーティングの議題設定、生徒たちの学力や学校の状況の報告・連絡等、やることはたくさんあります。でも、自分が教えている学校と子供たちのために必要なことを、自分で考えて実行できる範囲がすごく広がりました」

　アナンダ・スクールの教壇に立つ教員のほとんどは子供たちと同じように貧しい村出身の 20 代の女性たちだ。授業を受け持つとともに、学校運営の意思決定主体である運営委員会の事務局機能も果たす経験をつむことで、女性たちは現在受け持っている子供たちの卒業を見届けた後も、新しいアナンダ・スクールや NGO での仕事に、少なくとも以前よりは就きやすくなる。ROSC プロジェクトは、女性の雇用創出と

アナンダ・スクールで教鞭をとる
先生たちと

能力開発の側面も持っている。

何のために働いているのか

　ところで、アナンダ・スクールが真に利用者である子供たちのニーズに即して運営されるためには、最大の当事者である母親たちの継続的なコミットメントが欠かせない。この点、運営委員会の 11 名のメンバーのうち 5 名が母親であり、またその議長も母親から選ばれることは既に触れたが、家事などで忙しい母親たちが、なぜ学校運営に積極的に貢献しようと思ったのだろうか。今年 5 年生になる息子がアナンダ・スクールに通いだした頃から学校運営に関わるロシュンアラさんに尋ねてみた。

「なぜ運営委員会のメンバーになったのですか？」
「私は他の母親たちからの推薦を受けて運営委員会に加わりました。以前やっていた NGO の健康管理員の仕事を通じて村の家々を訪問して回っていましたので、多くの人に知られていたからでしょう。正直、うまくできるかはわかりませんでしたが、大勢の子供たちが通う学校の運営に携わるのは、一つの社会的な責任だと思いました」
「なるほど。でも、仕事や家事、幼い子供の世話もあって、大変でしょう。学校の運営に時間を割くのは負担ではありませんか？　お金ももらえないのでしょう？　旦那さんは、

あなたが運営委員会の仕事をしていることについて、どのように考えているのですか？」

僕の不躾な質問に、ロシュンアラさんは笑顔で答えてくれた。

「名誉なことですから、夫も誇りに思ってくれています。それに、私の家はすぐ近くです。時間のある時に他の母親や先生と集まって話をするのに、それほどの負担は感じません」

アナンダ・スクールは質素な「掘っ立て小屋」だが、中には、いろいろな絵や飾りが飾られ、子供たちがアナンダ（喜び）とともに、学ぶ空間ができている。これらの多くは、母親や子供たちが作ったものだという。2ヶ月後に小学校修了試験を控える子供たちは、先生の後を追って、真剣なまなざしでベンガル語の朗読をしている。

授業終了後、教室にお邪魔した僕を好奇心に満ちた大きな瞳が見つめる。「将来の夢は？」と尋ねると、女の子は口々に「先生になりたい！」。若い女性の先生は女の子たちにとって憧れの的なのだろうか？では男子はどうだろう？「お医者になりたい」「僕は政治家！」。皆、夢はでっかい。アナンダ・スクールは、小学校から中途退学したままでは開くことのなかった、彼らの夢や可能性を育てていくのだ。

アナンダ・スクールができる以前、子供たちや親たちにとって、学校の先生、教科書、施設といった教育サービスは、既にそこにあるものであり、彼らは与えられたサービスを選

学校運営委員会委員と対話する著者

択の余地なく受け取る「受け手」であった。そうしたサービスに不満や不備があれば、彼らは、改善のために主体的に動くのではなく、単にサービスを受け取るのを止める、つまり、学校に行かない(行かせない)という選択をするだけだった。しかし、今は違う。彼ら自身が、支給される資金を使って教科書や制服を買いそろえ、先生を選ぶ。不満や問題点があれば、自ら考え、解決策を探っていく。今や母親たちはアナンダ・スクールの所有者として、厳しい目で教育リソースを吟味し、学校を運営していく主人公なのだ。ROSCプロジェクトを通じて、コミュニティの人々は、教育サービスの「受け手」から「作り手」へと自己変革を遂げたのだ。

　現在ROSCプロジェクトは、規模を拡大したセカンド・フェーズに入った。美談は多いが難題も多い。草の根NGOと微妙な距離感を保つ必要性は既に触れたが、教員研修の改善、教育手当ての不正受給防止に向けた顔写真入りのID発行など、試行錯誤は続く。しかし、このプロジェクトの主体が、地域のこと、子供たちのことを一番よく知っているコミュニティの構成員で成り立つ運営委員会であるという、ROSCプロジェクトのコアはこれからも変わらないだろう。そして、プロジェクトの主役であるコミュニティのメンバーを支える世界銀行やバングラデシュ政府には、村々に根付く社会的責任の意識を、形あるものに変え、持続させていくための効果的な制度構築に向けた試行錯誤が求められる。プロジェクト・マネージャーのアタウル・ホウク氏は静かに、しかし強い目線でこう語った。

「何のために働いているのか。それが重要だ。それを忘れなければ、困難は乗り越えていける。私はこのプロジェクトにマネージャーとして関わっていることを誇りに思う」

chapter

5

膨大なゴミは誰によって
どこに向かうのか

Who take care of vast amount of garbage
and where are they destined for?

［環境］

世界で最も人口の多い都市へ

　日々変化し拡大するメガ・シティ、ダッカ。農村からの人口流入などにより、ダッカの人口は1990年の653万人から2010年には1516万人へと、この20年で約3倍に増加。2020年には保守的に見積もっても2200万まで膨張し、世界最大の人口を擁する都市となることが見込まれている[1]。

　首都ダッカへの一極集中は、経済活動の効率化や雇用の拡大、情報集積等、バングラデシュの経済成長の推進力を生んできた一方で、世界最悪の交通渋滞、土地価格の急騰、火災や震災への脆弱性の増大、そしてスラム住民の増加とその強制退去の頻発などの問題をもたらしている。

　そして本章で焦点を当てる「ゴミ問題」。多くの国々が高度成長・都市化を経験する中で直面してきた課題であり、バングラデシュもその例外ではない。それどころか、諸外国の中でも最もその問題が先鋭化している、と言っていい。

　何しろ、ダッカは狭く人が多い。東京23区の半分程度の土地（360km^2）に、23区の人口（約900万人）の1.5倍を上回る約1500万人が密集しているのだ。こうした中、ゴミを効率的に収集・運搬し、環境面の負荷を可能な限りコントロールした上で最終処分することは、ダッカ市の公衆衛生や市民生活の質の向上にとって、決定的に重要な意味を持つ。

　JICAは長年、ダッカ市の廃棄物収集・処理行政の能力向上に向け、さまざまな支援を実施しているが、その事前調査に乗り出した2000年には、既に問題は深刻化していたという。当時、市内には、収集が一切行われない場所も多く、長年にわたって蓄積した生活ゴミが、湖や河の岸辺に積みあがり、付近一帯が耐えがたい悪臭に包まれていた。また、収集したゴミを最終処分する埋立地も、単なる「ゴミ山」であり、有毒ガスや汚水が発生し、環境汚染が拡大しつつあった。

　バングラデシュの一人当たりのGDP（約770ドル）は、日本（4万5930ドル）の約60分の1だが、2011年現在、成長著しい首都ダッカの固形廃棄物の排出量は、東京23区

[1] World Bank "South Asia Population – Urban Growth: A challenge and Opportunity"

投げ捨てられた家庭ゴミで詰まったダッカ市内の運河

2 平成20年度の東京23区家庭ゴミ年間総排出量（192万0551トン）より算出（東京23区清掃一部事務組合）

3「JICA技術協力プロジェクトによるダッカ市廃棄物処理への支援」（八千代エンジニアリング参与 石井明男）

の日量（5261トン[2]）の約7割に及ぶ日量約4000トンに達している[3]。このように増え続けるゴミを集め、運び、そしてまとめて処分しなければならない。単純な話に聞こえるかもしれないが、これをバングラデシュのコンテキストで継続的に実施・改善していくのは並大抵のことではない。

　第一に、さまざまなポイントをシステムとしてつなぎ、面的に機能させなければならない。具体的には、定期的なゴミ収集・運搬とそれをチェックする仕組みの構築、それらに従事する作業員のモチベーション管理、安全面・環境面への負荷を抑える機材やシステムの導入、廃棄するゴミの種類や廃棄場所に関するルールの策定とその実施など、すべてを一体として機能させなければ成功は見込めない。ゴミ箱を街中に大量に設置し、ゴミ収集車を供与すれば済む、という単純な話ではない。

　第二に、ゴミが家庭から最終処分場にたどり着く間には実に

chapter 5　膨大なゴミは誰によってどこに向かうのか　73

多くのステークホルダーが関与する。行政以外の主体、たとえば民間の一次収集業者や各家庭、NGOや大学等にもアプローチをし、それぞれをうまく巻き込まなければ成らない。

　第三に、ゴミ問題は究極的には、「綺麗な状態とは何か？」「ポイ捨てはなぜよくないか？」「街を綺麗にするのは誰の責任か？」という人々の感覚や価値観の部分にまで光を当てていかなければ、継続的な改善は実現されない。何事も、人々が共有する「当たり前」を変えることほど、困難な話はない。こればかりは、金をいくら積んでも解決するような事柄ではなく、教育分野にまで踏み込む必要があるかもしれない。

　以下では、こうした困難かつ重要な課題に果敢に取り組んでいる南北ダッカ市役所の担当職員、彼らの努力をベンガル語を駆使して後押しする青年海外協力隊から学んだ、ダッカ市の「廃棄物管理能力強化プロジェクト」の成果と現状、そして課題について、「路上のゴミ収集」、「市内の各区の家庭ゴミや路上ゴミ収集のマネジメントを担当する区清掃事務所」、そして「ダッカのすべてのゴミが集まる最終処分場」という3つのシーンに分けて共有していきたい。

クリーン・ダッカを担う人々

　朝方早い時間にダッカ市内を移動すると、緑色のジャケットを身にまとい、ほうきを使って路上に散乱するゴミを黙々と集める人々の姿を見かける。彼らはダッカ市に雇われた「クリーナー」と呼ばれる街路清掃員。クリーン・ダッカの実現に向けて日夜業務にいそしんでいる。ダッカの市街が、少なくとも朝だけは綺麗なのは、夜明け前から仕事している約8000人のクリーナーの貢献によるところが大きい。もっとも、日中、人々が無造作にゴミをそこら中にポイ捨てするものだから、翌朝にはクリーナーにとって、実に"働き甲斐のある"姿に戻ってしまうのだが。クリーナーの仕事は、市場の前や道路脇のゴミ清掃だけではない。道路下を流れる溝に詰まったゴミやヘドロを掻き出すのも大切な仕事。誰かがこれをやらなければ、ちょっとした雨で、溝から水があふれ出て、道

街中のゴミタンクにゴミをつめるクリーナー

路が冠水してしまう。

　時には溝の中に入り、ヘドロに腰まで浸かっての作業となるクリーナーの仕事は危険が伴う。長靴や軍手がなければ、ガラスの破片などで大怪我をするかもしれない。クリーナーが安全で健康的に、そして誇りを持って作業できる体制を確保することは、クリーン・ダッカを実現する上で欠かせない。JICAが支援するダッカ市のプロジェクトでは、クリーナーに安全具を支給。あわせて、講習やワーク・ショップを通じて、安全かつ衛生的に作業に取り組む上で必要な知識や心構えを共有している。

　当たり前の話に聞こえるかもしれない。しかし、たとえば、ダッカの工事現場では、安全靴やヘルメットをかぶっている作業員を目にするのは稀だ。それどころか、サンダルや素手というまったく無防備な姿で重い建築資材と格闘している姿が目立つ。当然、事故も多い。しかし、安全具を支給するためにコストをかけるインセンティブは業者側には薄い。また、作業員も、「暑いから」、「面倒だから」、「みんな着けていないし……」という理由で、安全具を声に出して求めたりはしない。安全具のための金があるのなら、給料を増やしてほしい、というのが本音かもしれない。

　クリーナーへの安全具の支給と定着という、当たり前で簡単

に見える取り組みも、こうしたバングラデシュの現状を踏まえてみると、なかなかハードルが高い課題であることに気付かされる。ちなみに、クリーナー1ヶ月の給料は約6000タカ（約6000円）程度。これは現在のバングラデシュのアパレル産業の法定最低賃金（3000タカ）の2倍にあたる。これに加え集合住宅の一部屋が無料で提供される。ダッカの家賃はスラムでも一部屋2000タカ程度。学校の若い先生の給与が8000タカ程度だ。クリーナーの待遇は、悪いとは言えない。

なぜポイ捨てするのか？

東京23区の半分程度の土地に、23区の1.5倍以上にのぼる約1500万人が密集する南北ダッカ市の固形廃棄物処理は、現在、区毎のアプローチ（Ward-Base Approach）と呼ばれる方法が採られている。具体的には、ダッカ市役所の廃棄物管理局が現場レベルの運営まで統括するのではなく、南北ダッカ市のより細かい行政区分である「区（Ward）」を管轄する清掃事務所を統括する清掃検査官（Conservancy Inspector：CI）に、街路清掃員（クリーナー）のマネジメントや地域住民との対話、そして収集したゴミの最終処分場への運搬管理等を任せる分権型のアプローチだ。この方法を採ることで、現場により近いところでのマネジメント、コミュニケーションおよび意思決定が可能となる。また、区同士の競争やベスト・プラクティスの共有を促し、全体の意識やオペレーションのレベルの底上げを図るという狙いもある。

僕が清掃事務所にて面会した、この道20年以上の清掃検査官ショヒドゥルさんは、過去と比べて大いに改善したダッカの固形ゴミ収集・処分の現状やクリーナーのスキルやモラルの向上等の成果を語りつつ、最近頭を悩ましている問題についても共有してくれた。

「ダッカの街のあちこちに、企業が宣伝のための看板を立てているでしょう。あれは、無許可なものが多い。放置すると無秩序に次々と立てられた挙句、強風で倒れたりして危険な

のです。また、最近の建築ラッシュの結果、建築資材や廃材を道に放置する輩が増えています。こうしたモノを整理・撤去するのは本来建設業者の責任ですが、法令が順守されていません。誰も面倒をみずに路上に放置され続ければ、事故につながるかもしれません。ということで、やむなく我々廃棄物管理局が撤去せざるを得ないケースもあります。しかし、大型の物が多いため、クリーナーが怪我をしたり、収集車の故障をまねく恐れもあるのです。……」

「各家庭やレストランなどで出たゴミを、道路脇に設置されたゴミ収集のコンテナまで運ぶのは、一次収集業者（Primary Collection Service Provider）と呼ばれる民間業者なのですが、彼らとの連携強化や、ゴミが出される量自体を減らすためのコミュニティへの働きかけも道半ばです」

「私を含め、今、この場にいる3人の清掃検査官はそれぞれ区のリーダーです。市役所へのボトム・アップの報告だけでなく、同じ立場の者同士がよく顔を合わせ、それぞれが取り組んでいるテーマについて情報を共有するコミュニケーションも心がけています。ただ、自分の目の前にある課題、たとえば、クリーナーのマネジメントや、住民の参画意識を引き出して廃棄物管理問題に向き合ってもらうことは、想像以上に、難しい仕事です」

　経済活動が活発化する中でゴミの量は増え、質も多様化する。市民や企業のゴミ問題に関する主体的意識が高まらなければ、現場のクリーナーや清掃検査官の負担が増すばかりだ。しかし、彼らのリソースは限られているし、規制の確実な実施は清掃事務所の手に負える話ではない。市民、企業、区の現場、市役所、さらには法律を所管する中央省庁との間での、対話による問題意識の共有が欠かせない。

　路上のゴミが絶えないダッカだが、意外なことに、バングラデシュ人の家は、高所得者から線路脇のスラムの住民まで、所得水準を問わず総じて綺麗で掃除が行き届いている。彼らの「客人を歓迎する」文化にあやかって、僕はこの2年間

で数限りなくバングラデシュ人のご家庭を飛び入り訪問させてもらってきたが、例外なく、隅々まで掃除がされ、床はピカピカ。家具は整理整頓が徹底している。ところが、一歩家を出ると、みな平気な顔でポイ捨てをするために、路上や運河はゴミだらけ。公衆便所の不潔さたるや、末期的な状況だ。

　なぜ、一歩敷居をまたいだ瞬間に、これほど明瞭に、ゴミに対する態度が変わるのだろうか？　積みあがったゴミを放置しておけば、悪臭や感染症の蔓延等にもつながる。公共空間に発生するゴミの量を、各家庭ベースや個人ベースで少なくすることで、全体的にかかるコストを下げる、という発想にはならないのだろうか？

　こうした疑問を清掃検査官にぶつけるも、「まぁ、そういうものなんだよ……」という苦笑交じりの答えが返ってくるだけだった。おそらく、そう答えるしかないのだろう。なぜなら、こうした現象は、「何が当たり前か」という感覚や、日々の習慣に根差すものだからだ。皆深く考えているわけではない。

　読者の皆さんは、バングラデシュ人から、「なぜ、日本人は路上にゴミを捨てないのか？」とふいに尋ねられたら、何と応えるだろうか？　道徳観や公衆衛生等の観点から、いろいろ理屈はこねられるかもしれないが、我々が日常的にそこまで深く考えて、「ゴミを捨てない」という行動を取っているだろうか。結局は、「まぁ、そういうものなんだよ……」ということ、すなわち習慣に尽きるのではないだろうか。そして、その背後には幼少時からの親のしつけや教育があるのではないか。

　ここに、クリーン・ダッカを実現する上での、核心的な困難がある。つまり、プロジェクトの持続的な成功には、人々の価値観や習慣の変革が必要なのだ。これなくしては、ゴミ箱を街中に設置しても、別な用途に使われるのがオチだ。

　従って、習慣の変革を促す、内部からの仕掛け、インセン

ティブが必要なのだ。そして、そうした仕組みを生み出すのは、外国人や国際機関がよそから持ってくるルールや基準ではなく、ゴミの問題に直接関わるステークホルダー、たとえばダッカ市役所、住民、クリーナー、そして一次収集業者等の間の継続的な対話と、対話を通じて生み出された「決め事」や「仕組み」に対する、ステークホルダーのオーナーシップなのだろう。このプロセスでは、時間と忍耐、そしてさまざまな利害関係者の間での建設的な対話を促す指揮者が必要だ。拡大を続けるメガ・シティ、ダッカにおけるゴミ収集の現場司令官である清掃検査官のミッションのひとつが、ステークホルダーとの対話による意識改革である理由もそこにある。

ただのゴミ山から環境に配慮し処分場へ

話を、本章のタイトルである「膨大なゴミは誰によってどこに向かうのか」に戻そう。

ダッカ市内の各家庭から出たゴミは、旅をする。まず、民間の一次収集業者により地区ごとにリヤカーで回収され、ダッカ市役所が市内のあちこちに設置しているゴミ収集用コンテナに集められる。路上などの公共空間に捨てられたゴミ等はクリーナーがかき集め、上記コンテナまで運ぶ。

そして、コンテナに集められたゴミがたどり着く旅の終着駅のひとつが、ダッカ市の南東部にあるマトワイル最終処分場だ。広さは東京ドーム8個分に相当する約40ヘクタール。最終処分場といっても、焼却施設等があるわけではなく、ただひたすら、そこに積み上げられていく。一言で言えばゴミの山だ。かつては有毒ガスや汚水が周囲に流出し、深刻な環境汚染を引き起こすリスクが高かったが、現在では、それらを浄化するためのガス抜きのパイプや浄水システムが導入され、周囲の環境に配慮して運営されている。また、処分場の入り口には、ゴミ収集車が通過する際に重量を計測し、収集・運搬が日々正しく実施されているかを確認するためのシステムも導入されたほか、一仕事終えたゴミ収集車を洗浄する場も設けられている。このように「ただのゴミ山」を「よりよい

オペレーションと環境に配慮した処分場」へと変革するのに要した経費は、日本のODAから拠出されている。

　マトワイル最終処分場の入り口をくぐると最初にエメラルド・グリーンとピンク色のゴミ収集車に目が留まった。車体を見ると、日の丸とJICAのロゴに気づく。従来のゴミ収集車が老朽化し、効率的な収集の妨げとなっていたことから、2009年に日本政府が、約12億円の無償資金協力で100台のゴミ収集車と、メンテナンスのための修理工場を提供したのだ。

　マトワイルにはゴミ山が二つある。入り口手前の山は、僕が訪問をした2012年8月末の段階でゴミの積み上げが休止しており、表面は草で覆われていた。有毒ガスの浄化システムが設置された効果もあってか、臭いもしない。滲み出る危険な汚水を可能な限り浄化した上で河川へと流していくための施設も動いている。
　一方、奥にある二番目のゴミ山は"現役"であり、市内各所から集められたゴミが日々積み上げられている。強烈な悪臭とハエの大群に支配されたゴミ山の上空には、大量のカラスが舞う。その下を重機の巨大なアームがせわしなく動き、積み上げられたゴミと格闘している。そして、パワーショベルのすぐ後ろでゴミを拾い集める女性たちの姿が目に映る。どこからやってきたのか、粗末なサリーに身を包んだ女性たちは、長旅を終えたゴミの中から、まだ使えるかもしれないものを拾って市場で売るために、ゴミ山に入り込んでいるのだ。

　ダッカ市内の各家庭から、長旅の末にこの場所にまでたどり着いたゴミたちの多くにとって、マトワイル処分場は、旅の終着駅ではなく、リサイクルという名の新しい旅に向けた始発駅でもある。巨大なゴミ山に小さな体をうずめながら働く女性たちは、そんな旅のシフトをアレンジする役割を果たしながら、わずかながらの日々の糧を手にしているのだ。

オーナーシップが鍵

　ところで、処分場への新規設備の導入や新しいゴミ収集車の提供といった、目に見えるモノ（ハード）の支援が真に活きるには、それを使う人や組織の能力、つまり目に見えない力（ソフト）が継続的に向上していかなければならない。本章で焦点を当てている「ダッカ市廃棄物管理能力強化プロジェクト」は、こうしたソフト面を2007年から2013年までの6年間かけて手当てしている日本の技術協力支援だ。具体的には、クリーン・ダッカを実現するための「ゴミの収集・運搬・廃棄」を、住民も巻き込みながら、より確実に、効率的に、そして環境面や安全面での負荷をできるだけ減らしつつ持続的に実施できるよう、日本人専門家の派遣やセミナー開催を通じて、バングラデシュ人自身のオペレーション力向上を目指しているのだ。

　このプロジェクトを市役所の廃棄物処理局でリードするショリフさんは、バングラデシュ人自身が、効率的で環境・安全にも配慮した、家庭ゴミの収集・運搬・廃棄を継続的に実現していく上での課題と展望について、こんな風に語ってくれた。

　「成果の持続は、プロジェクトの成功を評価する上での最重要項目です。この点、現場を担うクリーナーや清掃検査官向けのマニュアル作成やワークショップの継続的な実施などに取り組んでいますが、いまだ道半ばというのが、正直なところです。現時点でも、バングラデシュ人だけの手でやることはやれるのでしょうが、やはり、効率性や質等の面で、改善の余地が大いにある。成功にとって重要な前提条件は3つあります。第一に、廃棄物管理局のすべてのポジションに人が配置されること。現在は、職員がついていない空席ポストも多いのです。第二に、中央省庁や民間セクター、そしてNGO等との連携を強化すること。第三に、配分される予算を、プロジェクトの個別項目間の相乗効果を意識しながら活用することです。幸い、廃棄物局向けの予算自体は伸びていますので」

ショリフさんの話は続く。
「現時点では、この国で、家庭ゴミの収集・運搬・廃棄のシステムがあるのは、ダッカ市だけなのです。各家庭が庭先などで適当にゴミを処分したり、とりあえず収集してオープン・スペースに積み上げているのが地方の現状ですが、人口や所得の増加等を背景に、多くの町で、今後廃棄物管理システムの導入が必要となる、との認識が高まっています。しかし、現状を分析し、解決策を考え、それを市民も巻き込んで実行に移していくための、ノウハウを持っている人がいない。これは、大きな機会です。というのも、日本の支援の下でノウハウを学んだダッカ市の職員が、作成したマニュアルなどを活用して、全国で指導をしていくことができるのですから」

　日本の技術協力や協力隊の派遣を通じて、移転された知識・知恵・そして心構えが、バングラデシュ人自らの手で、国中に広がっていくとすれば、これまでの投資は確かに成功だと言えるのではないだろうか。自分たちが抱える問題を正面から認め、改善のための方策を明確に説明でき、さらに課題を機会と捉えて野心的なゴールを設定するショリフさんのスマートで前向きな姿勢は、とても心強い。ただ、バングラデシュ政府や市役所による取り組みだけでは、クリーン・ダッカ、そしてクリーン・バングラデシュの実現はおぼつかない。市民、国民全体の意識改革の必要性から目をそらすことはできない。この点、ショリフさんとともに、本プロジェクトに尽力しているチーム・メンバーの一人、パラブさんのメッセージは印象的だった。

「どうして、われわれは家の中は綺麗にするのに、一歩敷居をまたいで外に出ると、平気でゴミを捨てるのか。自分の車の中には決してゴミを捨てることのないバングラデシュ人紳士が、市バスに乗った瞬間に、車窓からゴミを投げ捨てるのは、いったいなぜなのか？　それは、公の空間へのオーナーシップが足りないからです。『ダッカは、自分の街なのだ』という感覚を一人ひとりが持てば、家の中同様、ゴミを捨てて去ったりはしないでしょう。ゴミの問題だけではない。この国は、あるいはこの星が、自分たちのものなのだ、というオー

ナーシップを持つことで、社会の問題は解決していくはずです。困難だが、希望はある。それは教育です。私が子供のころは、学校でゴミや環境の問題を教わることはまずなかった。しかし、今では、日本の支援の力もあり、ダッカの多くの学校で環境教育が行われています。子供が変われば、大人の行動が変わり、そして、社会も変わる。そして変化は確実に起こっているのです」

共有地の未来を担うのは

　パラブさんの話を聞きながら「共有地の悲劇（The tragedy of the commons）」というフレーズを思い出した。共有地とは、皆が使っている、アクセス・フリーの場所。公園や市街地などがそれに当たる。共有地の悲劇とは、共有の牧草地において、複数の牧畜農家が自分のことだけを考えて牛の数をドンドン増やすと、共有財産である牧草地の草が枯れ果ててしまう、といったことを指す。すべての利用者が共有地から持続的に価値を享受できるようなルールや取り決めを作ることの重要性を示唆する概念だ。

　誰でもアクセスできる、ダッカという共有地。そこで、増え続ける人。そして「誰もがやっているから」という発想で、路上に投げ捨てられ、放置されるゴミ。経済活動が活発化する中、こうした発想がもたらす悲劇のスケールはますます大きくなる。そして、共有地から生まれる利益は享受するが、そのコストは負担しないという行動が続く先に待っている、巨大な悲劇の主人公となるのは、ほかならぬダッカ市民だ。他方で、慣れ親しんだ日常習慣や価値観の変容は難しい。政府による規制も、根っこの価値観や習慣に変化がなければ、効果は薄い。だからこそ、ステークホルダーを巻き込んだ継続的な対話とルール作りが不可欠なのだろう。

　その際、おそらく効果的なのが、「変化」を見せることではないか。ゴミの問題は、あるとき突然発生する危機というよりも、生活習慣病のように、徐々に人々の生活を蝕むものであるがゆえに、問題の深刻さに人々は気付きにくい。

たとえば、まだ人口が少なくゴミ問題が深刻でなかった頃のダッカ市内の写真や、日本が支援に乗り出す前の2000年の頃の町や処分場の様子、そして現在の様子を、できる限り具体的に見せてステークホルダーと共有すること、あるいは、それぞれの口から語ってもらうことが、人々の意識を敏感にする上で効果的かもしれない。また、そうした取り組みを支援する日本の納税者にその意義や効果を説明する際にも、こうした過去 - 現在 - 未来の比較をわかりやすく示す写真やエピソードは欠かせないだろう。

　高度成長を経て公害問題や石油ショックからさまざまな教訓を得てきた日本人は、長期的な視野と、問題と向き合う現場の人々との協働から生まれる地に足のついた視点の双方を持って、問題解決に貢献できるはずだ。また、そうした視野や視点を持てるよう、僕たち一人ひとりが学び、行動を続けることは、エネルギー問題、気候変動、失われゆく生態系の保全・回復、あるいは社会保障や財政のあり方など、「持続可能性」というキーワードで語られる、日本や世界が直面している困難な問題を解決していく上でも、欠かせない。なんといっても、社会、国、そして地球というコモンズ（共有地）の未来は、問題を「他人事」ではなく「自分の事」と捉え、自らできることに主体的に乗り出す、そんな社会的オーナーシップを、共同体の構成員一人がどれだけ強く心に灯せるかにかかっているのだから……ダッカ市のゴミ問題と真正面から向き合う人々の姿勢は、そんなメッセージを、国境を越えて、日本人一人ひとりにも投げかけているように思えてならない。

chapter

6

この国のセーフティーネットは
誰が担うのか

Who take the lead in providing social safety net in this country?

［社会保障］

セーフティネットをめぐる問い

　人間誰でも、本人や家族の病や怪我、あるいは災害など、自分ではコントロールしきれない理由により、仕事や生活の基盤を失うリスクから無縁ではいられない。こうしたリスクをゼロにすることはできないが、予期せぬ苦難に見舞われた個人や家族をしっかり受け止め、そこから立ち直って生き抜くための力を与える仕組み、つまり、セーフティーネットを整備することはできる。日本も戦後、国民皆保険や皆年金、生活保護制度、障がい者手当て、寡婦年金といったさまざまな公的なセーフティーネットを官民一体となって整えてきた。そして近年、少子高齢化や家族形態や社会の変貌の中で、既存の社会保障制度にさまざまな綻びが生じていることは周知の通りだ。

　では、独立から40年、これから高度経済成長に入ろうというバングラデシュで、人々はどのようなセーフティーネットに守られているだろうか？　今後どのようなセーフティーネットが必要となるのだろうか？　そして、そこに日本はどう貢献できるのだろうか？

　本章では、僕がバングラデシュで出会い、時間をともにしてきた、何人かのバングラデシュ人の人生と向きないながら、こうした問いについて、考えを深めていきたい。

病に倒れた勤勉なドライバー

　シラージ・バイは僕のドライバーであり、ベンガル語の先生であり、また大切な友人だ。(バイはベンガル語の男性向け敬称、"〜さん"の意)

　シラージ・バイは腕利きのドライバーだ。運転手暦は約15年。日々、大型バス、トラック、乗用車、リキシャ、CNG（天然ガスで動くオート・リキシャ）、オートバイ、ティンプ（トラックの荷台を改造した小型の乗合いバス）、ヤギ、ウシ、ヒト、野良犬、荷車、自転車、そして歩行者などなど、ありとあらゆる乗り物や生き物たちが無秩序にひしめくダッカの危険極まりないジャングル・ロードを、時には車の速度

2年間お世話になったドライバー・
シラージさん

が徒歩以下になる大渋滞の中、見事な運転技術と忍耐力とで、安全かつ可能な限りスピーディに僕を目的地に届けてくれる。

　シラージ・バイは勤勉で敬虔なムスリムだ。毎朝5時前には目を覚まし、自宅前のモスクで欠かさず朝の礼拝に勤しむ。僕が残業で、あるいは友人との夕食で遅くなっても、オフィスやレストラン近くの駐車場で待っていてくれ、電話一つですぐに駆けつけてくれる。

　シラージ・バイは正直者だ。日々の勤務記録は、分単位、走行距離はコンマ以下までしっかりと記録し、勤め先に提出する。毎月一度、僕のオフィスに料金を回収に来るマネージャー、モハン氏は、「8年間、彼の働き振りを見ていますが、あんな風に正直・誠実な男を私は見たことがありません。仮に誰もチェックしなくても、彼は決してごまかしたりしないでしょう」と舌を巻いている。

　シラージ・バイが運転するブルーの日産スカイラインは、僕のベンガル語の教室でもある。バングラデシュにやって来た直後から、毎週一度ベンガル語の先生にオフィスに来てもらいレッスンを受けてきたが、残念ながらそれだけでは定着も上達もしない。何しろ日常生活や世銀の業務でベンガル語を使う機会はほとんどないのだから。それでも、日常会話には不自由しない程度にまで上達したのは、シラージ・バイが笑顔で、僕のつたないベンガル語会話に付き合ってくれるからだ。新しく覚えた単語や表現をまとめたノートを繰りながら、

お互いの家族や仕事のこと、バングラデシュの政治や経済のこと、日本の様子などについてベンガル語で会話していると、苛立たしい渋滞も不思議と気にならない。普段はクールなシラージ・バイだが、話が盛り上がると時に両手を叩いて大笑いをし（ハンドルから手を離さないでほしい……）、時に早口・大声で持論を展開するなど（もっとユックリ話してほしいとのお願いは、盛り上がるとたちまち忘れられてしまうようだ……）、表情豊かでひょうきんな人でもある。

　シラージ・バイは家族想いだ。お見合い結婚した奥さんのルビーナさんと、一人娘のソニアを自分よりも大切に思っている。今年13歳になるソニアの教育にはとても熱心で、数学と英語の家庭教師を付け、何とかいい職についてもらいたいと願っている。家庭教師の月謝は英語と数学それぞれ1000タカ（約1000円）。1万3000タカという彼の月給を考えるとかなりの出費だが、決して妥協せず、娘の将来のために教育への投資を続ける。それを支えるのは、シラージ・バイの日々の勤労と、ルビーナさんの献身的な家事だ。

　2012年3月、ソニアの13歳の誕生日を祝いに、チョコレート・ケーキとプレゼントの腕時計を持って、ダッカのムハンマド・プール地区にある彼の家に遊びに行った時には、家族、親戚、近所の友人たちが皆そろって歓迎してくれ、おいしいビリヤーニをたらふくご馳走になった。シラージ・バイの一家は、愛情と笑顔あふれる、バングラデシュのごく普通の家庭だ。ごく普通の家庭の普通の幸せを守るために、彼は今日も、一生懸命働き、そして祈りを捧げる。

　そんなシラージ・バイが病に倒れた。最近どうも頻繁に咳をしているな、風邪かなと思っていたところ、レンタカー会社のマネージャーから「シラージの体調がとても悪いので、今日から代理の運転手になる」という不吉な連絡を受けたのが5月末だった。そして、代理の運転手から「体調がさらに悪化したので専門病院に入院した」という連絡を受けたのは6月上旬。心配の余りシラージ・バイの携帯に連絡をしたところ、苦しそうに咳き込んでほとんど話にならない。ただ事

ではなさそうだ。

　仕事帰りにモハカリの呼吸器専門病院に彼を見舞いに行った。奥さんのルビーナさんと、賢そうな眼鏡をかけた一人娘のソニアが病院の入り口で出迎えてくれる。ルビーナさんは身長150センチぐらいと小柄で、二人が並ぶとまるで姉妹のようだ。ソニアは日に日に悪化する父の容態を案じながら、得意教科の英語で病状を説明してくれた。
「大丈夫、学校には毎日行っているから。勉強サボったら、お父さんから大目玉だからね」
　ソニアの笑顔が、不安で曇った僕の心を少し晴らしてくれる……。

　シラージ・バイは個室病棟のベッドに横たわっていた。腕には点滴のチューブがつながれている。病院全体が停電中で天井のファンは止まっており、むっとした湿気が病室を支配している。小さく灯るろうそくの明かりが、古びた壁にソニアとルビーナさん、そして僕の影法師をユラユラと映し出していた。
　医師の診断書とレントゲン写真を僕に手渡すシラージ・バイ。医師の説明では、肺の中に水が溜まっているとともに、喉に二つ腫瘍が認められるとのことで、手術が必要だという。しかし、彼は自分の体よりも家族の生活を案じていた。
「入院費用が毎日250タカ、薬代に一週間で約1500タカから2000タカかかっています。自分がここにいるだけで日々金が飛んでいく。手術には最低10万タカは必要だそうだ……でも、娘の教育の費用だけは出してあげたい。家庭教師もあきらめない。ソニアの教育が犠牲になるくらいだったら、自分が死んだほうがましだ」
　力ない口調で、しかし強い目をしながらシラージ・バイは呟く。
「あなたが死んじゃったら、ソニアの教育費もなくなっちゃうよ。早くよくならないと！」
　拙いベンガル語で励ますものの事は深刻だ。8畳程度のワンルーム、炊事用・シャワー用の井戸、キッチン、トイレについては8家族共用のダッカ市内の彼の部屋の家賃は一月

5500タカ。娘の家庭教師代に2000タカ、本代や文房具代もかかる。もちろん食費や光熱費も。月々の可処分所得が3000タカ弱の家庭に、毎週2000タカの入院費・薬代と10万タカもの手術費用が圧し掛かるのだ。国立病院なら入院費や薬代は無料だが、医師、看護士、ベッドなどが足りず満足な治療を受けることは難しい。そして、この国には、彼のような庶民がアクセスできる公的健康保険制度は存在しない。

　お金が払えないばかりに、せっかく入れた病院から追い出されたのではたまらない。すぐに、ある程度まとまった金額の支援を申し出たものの、本当によくなるのか、いつまで入院生活が続くのか、これからいったい幾ら必要になるのか、わからない。

　病院の入り口まで見送りに来てくれたルビーナさんとソニアに手を振りながら、僕を乗せた車は喧騒に包まれたダッカの街路に飲み込まれていった。車窓から差し込む高級ブティックやレストラン、立派な高層ビルやホテルのけばけばしい光が眩しい。「世界の最貧国」と言われるこの国にだって、これだけの富の蓄積がある。ああ、なのになぜ、勤勉・実直・正直で家族思いの彼が、こんな目にあわなければならないのか。憤りと自己嫌悪、苛立ちと不安がない交ぜになったモヤモヤとした気持ちが僕の胸に立ち込めていた……

いよいよ手術

　6月末、携帯電話のスクリーンが、シラージ・バイからの着信を告げた。
「明日手術なんです。どうか祈っていて……」
　電話口から聞こえたのはルビーナさんの震えるような声だった。
「大丈夫。手術は必ず成功するから。『終わったらすぐに会いに行く』とシラージ・バイに伝えておいて。手術が終わったら連絡をして！」
　そうルビーナさんに伝える僕のベンガル語も少し震えていたのかもしれない。
「心配ないですよ、ボス。シラージ・バイの担当ドクターは

呼吸器系で有名な名医ですから」

　代理運転手のオマール・バイが、運転席からハスキーボイスで声をかけてくれた。

　しかし翌日、夜になってもシラージ一家からの連絡はなかった。オマール・バイにも連絡がないという。痺れを切らしてルビーナさんに電話する。時刻は既に夜9時を回っていた。鳴り続ける呼び出し音に焦りが募る。ふいに電話に出たのは聞きなれない男性の声だった。いろいろと自己紹介をしてくれているようだが、どうにもベンガル語がうまく聞き取れない。それより、シラージの容態はどうなった？　焦って尋ねる僕に返された答えは、ちょっと信じたくない内容だった。

「残念だけれど、シラージには今日は会えません。ICU（集中治療室）に昨日からずっと入っていて、しゃべれないのです」

　携帯電話を握り締める手に汗がじっとりと滲み出てくる……これはきっと僕の語学力不足で正しく聞き取れていないに違いない！……

　彼は続けて何かをしゃべっている。その声を一生懸命聞き取った。幸いそれは一定の希望を僕に与えてくれるものだった。

「ドクターは、手術は成功したと言っています。明日にはICUから出てしゃべれるようになるそうです。なので、明日の夕方以降に、ぜひ来てください」

　翌日、仕事帰りに病院へと向かう。訪問は既に5回を数えていた。いつもどおりソニアとルビーナさんが姉妹のように並んで迎えてくれる。その表情には心なしか安堵の笑みが浮かんでいる。通されたのはこれまでとは違う特別病棟だった。10床ほど並んだベッドの一つに横になっているシラージ・バイの姿が目に飛び込んできた。

「あぁ、よかった。死んでなかったんだね！」

　ほとんど冗談みたいなお見舞いの言葉をかけながら、シラージ・バイの手を握る。いつもの笑顔を振り向けながら手を差し出してくれたシラージ・バイは、実際目に見えて体調がよくなっていた。咳も出なくなり、以前と同じような声で

話せるようにもなっていた。しかし、背中からは太いチューブが伸び、痛々しい手術の跡は厚い包帯で覆われている。病は峠を越えたものの、術後に必要な薬の種類が増えたこと、そして特別病棟に移ったこともあり、入院費用が毎週4000タカに跳ね上がったとのこと。一命を取り留めたのは何よりだが、術後の痛みとともに、心労は耐えない様子だった。手術成功の喜びをかみ締めつつ、幾ばくかの支援金を彼に手渡し、僕は病院を後にした。

その1週間後、シラージ・バイは無事退院した。お祝いにモハンマドプールの自宅に行くと、ルビーナさんとソニアの笑顔だけでなく、ルビーナさんのお母さん（ソニアのおばあさん）、自宅の大家さんの奥さん、ルビーナさんのお兄さん夫妻とその娘と息子、そして同僚であり友人のオマール・バイと奥さんも混じって迎えてくれる大賑わい。皆、長屋のような建物に並ぶ部屋に住んでいるご近所さんなのだ。

思いがけず綺麗な白い花束で歓迎してくれたソニアに、持ってきたカメラを動画モードにして得意の英語でのスピーチをお願いすると、彼女は家族について、こんな風に語ってくれた。
「私の父はシラージ。いつも一生懸命私のために働いてくれています。お父さんは何でも良く知っているすごい人なんです！　お母さんはルビーナ。お父さんと比べると、うーん、ちょっと抜けているんです！（笑）。いつも、おバカな冗談ばかりを言って。でも、私が勉強をサボるとすごく厳しいんです」

シラージ・バイの義理のお兄さんのアルマさんが僕の肩に手をかけて語りかけてくれる。
「何度もお見舞いに来てくれて本当にありがとうございます。手術後にいただいた電話でお話したのは私だったんですよ。今は政府観光局で働いています。直営のホテルがいっぱいあるので、バングラの地方観光の際はぜひ泊まりに来てください」

あの時の自己紹介はちっとも聞き取れなかったな……と思い出しながら、優しい目で話をしてくれるアルマさんと、バングラデシュの農村地帯の美しさについてひとしきり盛り上がる。そして、ルビーナさんが作ってくれた特製のチキン＆ビーフ・ビリヤーニがお皿に山と盛られて運ばれてきた。これは心もお腹もいっぱいになりそうだ！

　ビリヤーニや野菜を盛り付けながら、シラージ・バイがしみじみとした様子で語ってくれた。
「ボスを含め大勢の友人が助けてくれましてね……10万タカ以上かかった入院費用の大半は大家さんが貸してくれました。もちろん利子なしでね。レンタカー会社の同僚たちもお金を出し合ってくれた。何より私の妻であり親友のルビーナは24時間、付っ切りで看病をしてくれた。妻と私が不在の家をソニアは良く守ってくれ、親戚の皆がソニアの面倒を見てくれたんだ……インシャ・アラー」

　峠は越えたとはいえ、しばらくは自宅のベッドでの養生が必要だ。痛み止めを中心に薬代もかさむ一方で、月々5500タカの家賃をはじめ、生活に必要な出費は以前より痩せた彼の肩にのしかかる。しかし、シラージ・バイの声は感謝と愛に満ちていた。同時にそれは、医療保険制度などの公的なセーフティーネットが整っていないこの国で確かに存在する、相互扶助という名のセーフティーネットをくっきりと映し出しているようでもあった……。

自らセーフティネットをつくる人たち

　世界一の人口密度を誇るバングラデシュは、物理的にも精神的にも、人と人との距離が近い。近代化を進める過程で日本をはじめとする多くの先進国が、「個人の選択肢の拡大」という価値と引き換えに失ってきた大家族や近所同士のコミュニティが創り出す絆も、この国ではまだ力強く息づいている。同時に、昔ながらの人と人とのつながりが作り出す相互扶助という名のセーフティーネットが、急速な都市化や市場経済の拡大とあいまって綻びつつあるのも、また事実だ。

急速な変化を続けるバングラデシュ社会で懸命に、しかし笑顔で日々を生きぬく、シラージ・バイー家のような普通のバングラデシュ人が、その変化に適応していく上では、相互扶助を成り立たせてきた社会のありようを維持しつつ、医療や介護保険制度のような公的セーフティーネットを構築していくことが急務だ。相互扶助という名のセーフティーネットがあると言っても、それが制度化されていない以上、人々の人生が運に左右される割合はあまりにも大きい。

　バングラデシュ政府は世界銀行などの力も借りながら、寡婦手当、失業手当、高齢者への生活保護等の公的社会保障制度を整備しつつあるが、全国くまなく公的セーフティーネットが行き渡るには、なお時間を要する。それを待つ間にも、病や事故はわが身に降りかかるかもしれない。

「それなら、自分たちで創ってしまおう！」

　そんな思いをもって知恵を絞り、行動する人たちがいる。物語の舞台を、バングラデシュ北部、ラッシャヒ県のカリコルム村に移そう。

農村で紡がれるセーフティーネット

　2013年1月。正月休みに東京からバングラデシュまで来てくれた友人とともに、北西部の地方都市、ラッシャヒを再訪した。明け方の濃霧で包まれたダッカを汽車で後にしてから6時間、汽車にゆられた末にガンジス川沿いに広がるラッシャヒにたどり着いた。

　駅からさらにオート・リキシャで30分ほど移動した先にあるカリコルム村で僕らが訪れたのは、図書館だった。動植物や地理についてまとめた色刷りのポスターが張りめぐらされた壁に囲まれた教室のような空間に、朝早くから20名ほどの子供たちが集まって、読書をしている。大型のプロジェクターとデスク・トップ・パソコンも備え付けられており、子供たちは、生物や歴史を映像で楽しみながら学ぶこと

ができる。教室の隣に図書館があり、さまざまなテーマに関する英語やベンガル語の本でいっぱいになった本棚がいくつも並んでいる。蔵書数は約5000冊。バングラデシュの農村で、これほど立派な教育施設は見たことがない。

　この図書館は、村の地主であるジャハンギール・アラム・シャーさんが私財をなげうってつくり、管理しているものだ。利用者は子供だけではない。子供の栄養に関する知識を深めたい村の母親、農作業の生産性を向上させるためのヒントを得たい農家、そして読み書きの力を身に付けたい大人たちなど、村の老若男女が日々活用している。
　ジャハンギールさんの本職はラッシャヒ大学の助教授。農業経済学を教えつつ、授業の合間を縫って医学部付属病院の透析病棟での当直をボランティアとして引き受けている。ジャハンギールさんの好意に対して、医学部生や医師たちは、カリコルム村に「無料出張診療」を提供することで、"借り"を返している。図書館は、出張診療のサービスが提供される場にもなる。すべて、村の人々の生活水準の向上を願うジャハンギールさんの無私の貢献によって実現しているものだ。

　図書館の維持管理は、そんなジャハンギールさんの熱意に打たれた村の人々のボランティアによって成り立っている。早朝あるいは午後、公立学校の授業の前後に子供たちに英語

ジャハンギールさんの私塾

や算数を教えている先生もボランティアだ。献身的な努力の継続で、人々に次々と伝染するボランティア精神の源となっているジャハンギール先生は、その動機について淡々と語ってくれた。

「農業普及員も学校も医療サービスも、政府の制度はあるけれど十分ではない。そして私の村にはニーズとポテンシャルがある。そして私には、村のニーズとポテンシャル、そして不十分な公的制度のギャップを埋めるリソースがある。だからやっているだけです。それに私一人でやっているんじゃない。皆が、それぞれできる範囲で、できることを一緒にやっているんです」

そう語ってくれたところで、急にジャハンギール先生の表情がぱっと明るくなる。

「そうそう、子供たちの学校での試験が上出来だったので、今日はペンをプレゼントすることになっているんです。ぜひ、激励のメッセージとともに、子供たちにペンを渡してあげてください！」

先生の掛け声で一列に整列する子供たち。「これからも一生懸命、勉強がんばれ！」と声をかけながら一人ひとりにペンを渡していく。大人も子供も皆とてもいい笑顔だ。

ジャハンギール先生の図書館を後にした僕らが次に出会ったのは、「困ったときはお互い様」を持続的に成り立たせるセーフティーネットを自らの手で作り上げている女性たちだった。リーダーのジョシナさんはバングラデシュ最大のNGO、BRACでスタッフとして働きながら、マイクロファイナンスのオペレーションについて学んだ。同時に、結構な金額がBRACの運営経費に費やされている事実にも気付く。

「村の女性たちと一緒に、自分たちで、自分たちだけのマイクロクレジットの仕組みをつくることができないかと考えました。そうすれば、大きなNGOでは運営経費に使われる資金も含めて、すべて自分たちに還元できるのですから」

2007年にスタートし、現在150人の女性たちがメンバーとなっているこの取り組みは、毎月一人50タカを出し合っ

てつくった貯蓄のプールから、資金を必要とするメンバーに月利5％でお金を貸し出す仕組みだ。2、3年に一度、会計をいったんすべて締めて、それぞれが出していたお金と回収した金利分（配当）をメンバーにすべて還元する。会の運営はすべて女性たちのボランティアで成り立っているため、運営費はかからない。運営方針や貸付の是非、解散の時期なども、すべて会員の女性たちが議論を通じて決めていく。

　また、隣の村では別の女性グループが、定期的に家のお米を持ち寄り、家族の病気や怪我で食費に困る事態に陥った際に会員に融通する仕組みをつくっていた。

　両者とも仕組みはとてもシンプルだが、正に「村の女性たちの、女性たちによる、女性たちのための」手作りセーフティーネットの仕組みだ。

　ジャハンギールさん、ジョシマさん、そして村の人々は、こうした仕組みを創り上げ、そして持続していく上での課題や困難についても語ってくれたが、政府による公的なセーフティーネットや公共サービスの不備に関する不満は、ただの一度も、誰の口からも発せられなかった。そんな村の人々の姿勢からは、「不満を言っていても仕方がない。一人ひとりが持っているリソースで、自分たちができることをやっていこう」というメッセージが伝わってくる。こうした人々の主体的な姿勢が、この国の社会関係資本を豊かにし、確かな

自らマイクロファイナンス活動を立ち上げたジョシマさん

セーフティーネットを創り上げているのだ。

バングラデシュの村で出会ったこんな物語は、格差が拡大する中、公的なセーフティーネットの修復・再構築という課題に直面している日本社会と日本人一人ひとりにとっても、大きな示唆があるのではないだろうか。

政府・NGO・国際機関のパートナーシップ

草の根の人々の創意工夫と相互扶助が織り成すセーフティーネットは、バングラデシュの津々浦々に数多く存在する。一方、こうしたセーフティーネットだけではカバーしきれないリスクも大きい。社会の有り様も変わる。これまで紹介してきた物語が「古きよき時代の美談」となってしまう時代は、既に目前かもしれない。

農村からダッカをはじめとする大都市への人口流入、伝統的な拡大家族の減少は、相互扶助のセーフティーネットの基盤となってきた社会関係資本をすり減らす。より良い教育・雇用の機会を求めて、人々は、家族と離れ離れになっても、お隣さんが知らない者同士になっても、都市に吸い寄せられていく。気候変動の影響も暗い影を落とす。溶け出したヒマラヤの氷土によって水嵩を増した河川は、岸辺を削り取り、農地を飲み込み、人々から慣れ親しんだ土地を奪う。

そんな中、政府の職員が起業家精神を発揮して強くて柔軟なセーフティーネットを創り上げ、面的に提供する責任と機会は大きい。そして豊富な資金と知恵により途上国政府のパートナーとなる世界銀行をはじめとする国際機関の責任と機会も、また大きい。草の根の相互扶助と創意工夫が生み出す私的セーフティーネットの存在は、政府による公的セーフティーネット整備の不作為を正当化するものでは決してないのだ。

現時点でも、バングラデシュには、政府が提供する年金や障がい者手当て、失業給付などのセーフティーネット・プログラムがないわけではない。2011年度政府予算を見ると、

対GDP比で1.6%にあたる年間約1150億タカが公的セーフティーネットに関する政策に使われている。たとえば、独立直後から国際社会の支援も得ながら実施している「サイクロン・洪水被災者向け食料給付プログラム」、貧困率の高い地域の女性への雇用提供と小規模インフラ整備の両立を図る「Food for Workプログラム」、低所得家庭の女子の中学校就学率向上を目指す「条件付現金給付プログラム（女子生徒の出席率に合わせて現金が各家庭に付与される）」等、全国規模で実施されているセーフティーネット・プロジェクトの数は多い。また、国家公務員には年金が支給されるほか、一般向けの老齢手当制度もある。月々の支給額は300タカ、給付者数も225万人と心もとないが、総額ベースで見ると給付分だけで年間81億タカに上る。

　こうしたプログラムが困難に陥った人々の生活再建の助けとなってきたのは事実だろう。たとえば、世銀も支援をした女子の中学校就学率向上プログラムについては、男性中心的な傾向の強いイスラム教徒が人口のほとんどを占めるバングラデシュにおいて、女子の中学校就学率が男子を上回るなどの成果も出ている。

　一方で、ターゲットをうまく絞り込めず"バラマキ"となってしまう、対象とすべき貧困層や寡婦、高齢者、障がい者などに食料や資金が届かない、といった課題も多い。たとえば、農道を整備する仕事への従事と引き換えに米と麦が支給される「Food for Workプログラム」では、対象となる貧困女性の手に渡るべき米が市場で売られ、麦も貧弱な保存状況のために質の劣化が著しいといった問題が発生した。そして、問題を把握し是正措置をとるためのモニタリング・メカニズムも効果的に機能しているとは言いがたい。

　このような問題をもたらす根本的な原因は、バングラデシュ政府職員の職業倫理の低さというよりも、行政機構の足腰の弱さにあるといえる。そもそも、バングラデシュでは、国や自治体の正確な人口を把握している人はいない。その裏返しの現象として、バングラデシュでは、生年月日を知らない人が大勢いる（ドライバーのシラージ・バイもその一人だ）。また、各種社会保障政策の実施は自治体の任務で

あるところ、日本の市町村にあたる基礎自治体であるユニオン（平均人口約3万人）には、議会（ユニオン評議会）は存在するが、議会が決めたことを実行に移すための職員は、議長のSecretary（書記官）たった一人だけ。そして、自治体や中央政府の末端の事務所には、パソコンは配給されておらず、手書きの書類が積みあがっている。中央政府の高官も含め、名刺交換をすれば、そこに書かれているメール・アドレスは、「yahoo.com」や「gmail.com」。政府機関における情報システムがこのように未整備である一方で、ほとんどの事柄が中央官庁の縦割り文化の中で決められる。

　足りないところをあげればきりがないが、要は、バングラデシュの現状のコンテキストで、効果的、効率的、持続的でターゲットが絞られたセーフティーネット・プログラムのデザインと実施は途轍もなく困難なのだ。しかし、困難はイノベーションの源にもなる。政府や国際機関が試行錯誤を続ける中で見出した解決のひとつの糸口は、草の根のNGOと連携し、セーフティーネットの対象となる人々やコミュニティにプロジェクトのデザイン、実施、そしてモニタリングの権限を移す「コミュニティ主導型開発（Community Driven Development：CDD）というアプローチだ。
　既に世界各国のさまざまな分野で採用されているCDDだが、現在世界銀行がバングラデシュで実施している「社会的投資プロジェクト（Social Investment Program Project）」はその典型だ。2003年6月から2011年末まで8年間にわたって実施され、通称「ニュトン・ジボン（ベンガル語で「新しい生活」の意味）」と呼ばれるこのプロジェクトは、バングラデシュ政府が初めて本格的に実施したCDDとして知られている。

　このプロジェクトは、特に貧困が厳しかったバングラデシュ北部のジャマルプール県とガイバンダ県において、さまざまなセーフティーネットや公共サービスから疎外され、家族が一日三食食べることすら困難だった極貧層の女性にターゲットを絞った。そして彼女たち自身を村に必要な小規模インフラの選定やマイクロファイナンス事業の担い手とし、そ

れを通じて自らの生活水準を改善していく力を与えてきたのだ。以下では、ニュトン・ジボンの担い手であり、また受益者でもある村の一人の女性にスポット・ライトを当てつつ、このプロジェクトが残した教訓と成果を紹介していきたい。

ある貧困女性の変革の物語

　シャミーマ・ラトナさんは、バングラデシュ北部のジャマルプール県のある村で生まれ、4人の姉妹、両親、そして祖父母に囲まれて育った。9人家族の生活は父の労働によってのみ支えられていたため、家計は常に苦しく、5人の娘に十分な教育を与える余裕はなかった。シャミーマさんは中学校を優秀な成績で卒業したものの、高校進学は叶わず、17歳で嫁ぐこととなる。オートバイの修理工場に勤める夫との間に生まれた一人娘に、自分は諦めねばならなかった高等教育を受けさせたい……そんな思いを募らせる一方で、夫の給料のみでは生活は苦しく、三人家族が三度の食事をしっかりとることすらおぼつかない日も稀ではなかった。シャミーマさんは、経済的な苦しさだけでなく、村や家庭内で自分の意見がほとんど顧みられないことによる精神的な欠乏感にも苛まれていた。学歴もなく、所得を生み出す力もない女性は、常に従属的な存在だった。

　ある日、そんなシャミーマさんの耳にある噂が飛び込んできた。政府の新規プロジェクトの対象地域にジャマルプール県が選ばれた。プロジェクトを通じて、所得の低い家庭の女性に対する支援、そして、村に必要な小規模インフラ——たとえば、川にかける小さな橋の建設、村道の舗装、天然の砒素に汚染されない深井戸の設置など——が提供されるらしい。近々開かれるプロジェクトの説明会には村の女性たちも招かれているという……。そして、説明会に参加したシャミーマさんをはじめとする村の女性は、政府のパートナーとして選ばれたというNGOの職員から、耳を疑いたくなるような説明を聞くことになる。

「プロジェクトを通じて具体的に実施・提供される事柄は

何も決まっていません。内容を決めるのは、村の皆さんです。それが橋なのか、井戸なのか、道なのか、この村で何が一番必要かを一番良く知っているのは皆さん自身なのだから」

「プロジェクトの実施内容、場所や優先順位などは、『行動計画』としてまとめます。行動計画は『村落開発委員会』の委員とプロジェクトの実施をお手伝いする私たちNGOの職員が共同で取りまとめます。村落開発委員会の委員は、皆さんの中から、皆さんで選んでください。特に資格等の要件はありませんが、11名の委員のうち3割は特に貧しい家庭の女性に担ってもらいたいと思います」

「プロジェクト実施や維持管理についても、村の皆さんにグループを作ってもらって担っていただきます」

「このプロジェクトのメニューには、小規模なインフラの整備だけでなく、村で最も経済的に厳しい状況にある家庭に対する直接支援プログラムも含まれています。対象となるのは、今政府や外国の援助機関が実施しているさまざまなプログラムのいずれも受けることができていない家庭です。私たちNGOの職員はこの村に常駐してお手伝いをしますが、村のことを知っているわけではないので、対象者を選ぶのも村の皆さんにお願いします」

「もちろん、今からいきなり始めてください、とは言いません。政府と私たちNGOが作った運営マニュアルがあるので、それに沿って、委員会の運営の仕方、議論の進め方、お金の管理の仕方などを、じっくり皆で学ぶところから始めましょう。私たちはそばでお手伝いをしますので」

　NGOは時には政府の職員を連れてきて幾度も同じような説明会を実施した。シャミーマさんは話をあまり理解できてはいなかったが、プロジェクトが動き出した後、自分に「直接支援プログラム」の受給資格があることを伝えられ、二つの支援を申し出た。

　一つは、針と糸、そして布を買うための小額資金の給付、もう一つは、裁縫の技術を身に付けるためのトレーニングの受講だった。講師は、かつてダッカの縫製工場で働いていたが、雇い主の都合で解雇され村に戻っていた女性だった。その女性も、プロジェクトのお金で講師として雇われていた。

1年後、シャミーマさんは自らの手で作ったノクシカタ（バングラデシュの伝統的な刺繍）のテーブル・クロスやタオルを携えて、ジャマルプール市内に向かい、青空の下に自らの商品を敷き詰めた。夕方、彼女の手にはテーブル・クロスに代わって、数百タカの現金があった。彼女が生まれて初めて、自ら手にした現金だった。

　僕がシャミーマさんとその村で出会ったのは、それから6年の歳月が経った2011年の11月だった。トタン屋根と土壁でできた彼女の家の隣には、小さな工房があった。中では20名近い女性たちが、糸と布を手に、ノクシカタの刺繍に黙々と取り組んでいる。シャミーマさんは、総数約60の女性たちを雇って刺繍品を作成・販売する事業主になっていたのだ。
　家の中にお邪魔してみる。
「昔は一家そろって床にゴザを敷いて寝ていたのだけれど、今はそのベッドで寝ることができています」
　そう語るシャミーマさんの腰に、甘えっ子の一人娘がまとわりついている。
「工房は2年前につくりました。働いているのは村の女性たちばかりだから、皆歩いて来ることができる。昨年からは、例のプロジェクトの委員会の委員に選ばれ、村で何が必要か、どうやって作ればいいか、維持管理の役割分担はどうすれば

村の女性たちとともに作ったノクシカタを披露するシャミーマさん

よいか、などについて考える日々です。ベッドで眠れるのはとても嬉しいけれど、自分の人生に起こった最大の変化は、私の声に家族や村の人々が耳を傾けてくれることです。自分は家庭や村にお世話になるだけではない。自分も家庭や村の発展に貢献できるんだ、という実感を得たことです。私はこれから、村の女の子たちが、たとえ高校や大学で学ぶことができなくても、こうした経験をする機会を作っていきたいと思っています」

　せっかくいただいたお茶が冷めていくのも忘れて、僕はシャミーマさんの力強い視線と印象的なストーリーに聞き入っていた。

コミュニティ主導型開発の教訓

　バングラデシュ政府がはじめて本格的にCDDのアプローチを活用したニュトン・ジボン。僕が出会ったシャミーマさんは、このプロジェクトによって人生を変えた一人だった。そして、このプロジェクトは、こうした成功物語だけでなく、CDDのアプローチを使ってソーシャル・セーフティーネットを効果的に張りめぐらせて行く上での、数多くの教訓も残した。

①能力あるNGOをどのように選ぶのか？

　既存のプログラムにアクセスできていない農村部の最貧層や脆弱層に届くプログラムを、コミュニティ主導で実施していくには、その地域で活動を続けてきたNGOとの協働が欠かせない。政府や世界銀行などの国際機関と比較すれば、NGOは草の根のコンテキストをよく理解し、また状況に応じて臨機応変に対応しやすい。最近、日本でも自治体からの委託を受けてさまざまな公共サービスを実施するNPOが増えている。

　他方で、NGOなら何でも良いわけではない。規模が小さすぎる、立ち上げ後間もない等の理由でプロジェクト実施に必要な組織力に乏しいNGOも多くあるだろう。また、資金管理が杜撰であるとか、特定の政党や政治家、さらには反社

会的勢力と結びついている等の問題を抱える NGO もあるかもしれない。通常、行政が NGO に業務を委託する場合には、ウェブサイトや新聞等を通じて提案を募り、寄せられた中から最も優れている（と思われる）提案をした NGO を選抜する形式がとられる。その際はもちろん、法律に基づいて政府への登録をしている NGO か、定期的に財務報告を公表・提出しているか、当該分野や地域で十分な活動実績はあるか等のチェックはされる。しかし、それだけで十分な目利きが果たせるとは限らない。

　この点、ニュトン・ジボンのプロジェクトは、契約締結前のスクリーニングに加え、「パフォーマンス・ベース（実績ベース）の支払契約」を採用することで、能力がある（と思われた）パートナー NGO が、実際にその期待に沿って仕事をするインセンティブを盛り込んだ。
　たとえば、シャミーマさんが利用した、村の最貧層の女性たちに職業訓練の機会を与え、習得した技術をもって事業を始めるための資金を提供するプログラムでは、以下のような成果指標と目標値が設定されている。

◎成果指標１：職業訓練を受けた女性の数
⇒ターゲット：80％の女性が職業訓練プログラムを修了
◎成果指標２：職業訓練後、所得を生む仕事に就く、あるいは仕事を始めることのできた女性の数
⇒ターゲット：50％の女性が自ら収入を生み出す仕事を始める／仕事に就く

　このプロジェクトの実施部隊として選ばれた NGO には、上記ターゲットが達成できた時に初めて、プロジェクト実施に必要な資金が提供される。要は出来高払いだ。この手法は、第２章で紹介した、辺境の村々にソーラー・パネルを販売・敷設するプロジェクトでも採用されている。パートナーシップを有効に機能させるには、ポジティブな緊張感を持続させるこうした仕組みをプロジェクト・デザインに盛り込むことが必要なのだろう。

② **対象となる人々をどのように選ぶのか**

　立派なプロジェクトを机上で作り込んでも、それがターゲットとする人々のもとに届かなければ意味はない。でも、それはとても難しい。制度を作る行政は、往々にして、最貧層や脆弱層がどこにいるか知らない。そして、「制度を利用したければ、人は役所にまで来るだろう」という前提で、オフィスに座っている。利用者側も、彼らをターゲットとする制度が存在するという情報に接する機会は少ない。結果、支援プログラムは、それを必要としている層に届かない。どうしたらこのギャップを埋められるだろう。

　この点、ニュトン・ジボンでは、まず対象者を絞り込むための詳細な指標をつくりあげた。たとえば①資産の有無、②仕事の有無、③読み書きができるか否か、④性別、⑤既存の支援プログラムを受けているか、等、複数のチェック項目を設け、点数が基準以下の人を対象とするルールを作ったのだ。さらに、指標を使った対象者の特定を草の根のNGOに委ねることで、この問題を乗り越えようと試みた。

　しかし、結果は失敗だった。
　開始から3年後の中間評価では、支援プログラムの受益者に、本来は対象外の比較的裕福な家庭の女性や、あるいは男性までも含まれていることが判明。一方で、プログラムを利用している最貧層の数が想定よりも少ないという事実も明らかになった。詳細な指標をもとに対象者を選んだはずなのに、的を外してしまっていたのだ。委託を受けたNGOが村の有力者からの情報によって対象者を決めていたことが主たる原因だった。

　失敗を踏まえて導入されたのが「参加型の貧困層特定 (Participatory Identification of Poor：PIP)」という手法だ。人と人との結びつきが強いバングラデシュの農村部において、どの家庭がどの程度困窮しているか、最もよく知っているのは村に住む人々だ。PIPは村の女性たちにごくシンプルな選抜基準を伝え、対象者の選定を委ねることで、最貧層・脆弱層の見極めに成功した。専門家が作りこんだ精緻な指標より

も、村人の口コミが勝っていたというわけだ。住民自らが公共サービスの受益者を特定するPIPの手法は、地域の絆の再構築やコミュニティや各家庭が抱える問題をその地域の人々が認識するきっかけにもなるだろう。

③ コミュニティの「本気」をどうやって引き出し、持続させるのか

　貧困にあえぐ人々や社会的に抑圧された女性たちが、自らプロジェクトのデザインを決め、実施を担うことで、ニーズに即した支援が、それを必要とする人々の手元に届くようになる。さらに、そうしたプロセスへの参加を通じて、これまで支援の対象でしかなかった人々が、自らの問題を解決する主体へと変わることができる。

　CDDのアプローチはこんな可能性を持っている。しかし、その可能性が現実となるには、対象となる人々がその気になり、やる気になり、本気にならなければならない。いくら「参加型のプロジェクト」を謳ってさまざまなコミュニティ・グループをつくっても、村の人々がしぶしぶ参加している限り、グループは長続きせず、プロジェクトは効果を発揮しない。

　CDDのアプローチを展開する上での最大のリスクが、いわゆる「エリートの独占（Elite Capture：貧困層に配分されるべき資源を地元有力者が牛耳る現象）」だ。第3章でROSCプロジェクトを紹介する際にも言及したこのリスクは、地主や政治的有力者といった村のエリートが、グループの議論を先導してしまい、女性や障がい者、土地なしの農家等、既存社会のなかで発言力が小さい人々が、名目上は参加していても、実質的には意思決定から疎外されてしまう現象を指す。また、本来参加者のやる気を引き出す役割に徹すべきNGOが、議論の方向性や意思決定に過剰に介入してしまう現象が発生することは、第3章でも述べた通りだ。

　これでは、CDDと言っても名ばかりだ。そして今回紹介したプロジェクトも、当初、その罠にはまった。支援の対象者選びの歪みはNGOが村のエリートに仕事を委ねてしまったことから発生した。また、住民同士で村に必要な小規模インフラについて議論し行動計画をつくるための「村落開発

委員会」が、有力者を中心とする少数の家族に牛耳られ、貧困層や女性たちのニーズではなく、有力者のニーズに合ったインフラがつくられる問題も起こってしまった。村のあらゆる問題が議論の俎上に載る「村落開発委員会」は、女性たちが実質的に参加するには、少し敷居が高すぎたのかもしれない。

　CDDを成功させる上で一番必要なもの、それは「時間」だろう。時間をかけてコミュニティの生態系を理解し、対象となる人々が自らの言葉でプロジェクトの目的やそれぞれの役割を語れるよう、対話を通じてじっくりと考えを共有すること。その上で、まずはパイロット・ベースで試行錯誤し、教訓を得ていくことが欠かせない。このためプロジェクト開始当初から1、2年は、目に見えるアウトプットは出しにくい。しかし、その間にプロジェクトの成功に不可欠な、目に見えない基盤がコミュニティにつくられることになる。

　バングラデシュ政府と世銀のプロジェクト担当者は、こうした気付きと経験を踏まえ、プロジェクトのターゲットである低所得家庭の女性たちに、「運転席に座るのは自分たちなのだ」と本気で思ってもらえるよう、プロジェクトのデザインに以下の3つの変更を加えた。

①プロジェクトの住民参加の仕組みづくりに必要な予算を当初の5倍に増額して、さらなる時間と人手を現場に投入する
②上述の「村落開発委員会」が何もかも決めるやり方を変え、機能に応じた複数のサブ・グループをその傘下に立ち上げ、意思決定に参加できるエントリー・ポイントを女性たちに近づけ、増やすとともに、意思決定の内容の是非、プロジェクトの実施状況、資金の管理などを相互にチェックできるような仕組みを整える
③NGOに現場のマネジメントを全面委託する方式を改め、政府の担当者がデザインどおりにプロジェクトが進んでいるかを確認し、必要に応じて促進する役割を担う

コミュニティ・ミーティングに集まった人々

　こうしたソリューションは、教科書やマニュアルに書いてあったものではない。すべて、現場での試行錯誤の結果得られた、生きた知恵を活かしたものだ。こうして進化してきたこのプロジェクトは現在パイロット・フェーズを終え、対象県をさらに広げるとともに、住民自身が資金を出し合いメンバー同士で貸付をするマイクロクレジットの仕組みも盛り込んで展開している。

保護の対象者が問題解決の担い手に

　CDDのアプローチは、現在、世界銀行がバングラデシュで展開している教育や保健、インフラ整備等、他の多くのプロジェクトでも採用されている。これまで保護の対象とだけ捉えられていた人々を、問題解決の主体とするこのアプローチは、日本のこれからのセーフティーネットを考える上でも、重要な視点を提示しているのではないだろうか。

　また、これまでの開発プロジェクトの多くは、都市化の促進等を通じて、コミュニティに存在していた社会関係資本をすり減らす副作用を持っていた。だがCDDを活用したアプローチは、昔ながらの社会関係資本を積極的に活かし、経済的・社会的成長の恩恵を、より多くの人々が共有できるようにするための仕掛けだと言えるかもしれない。

病に倒れた運転手のシラージ・バイと彼を支える家族や友人、村のセーフティーネット作りに自ら乗り出す大学教授や村人たち、試行錯誤を続けながら未知のアプローチに挑戦し、住民主導のプログラムのデザインに知恵を絞る政府や国際機関の職員、そしてプログラムの運転席でハンドルを握りしめ、自らの人生を変えていく女性たち、彼女たちのそばに寄り添って力づけるNGOの職員たち……。この章のタイトルは「この国のセーフティーネットは誰が担うのか？」だった。その答えは、自らと家族の人生に責任を持ち、隣人の生活に関心をもち、そしてコミュニティや国のありようを、所与のものではなく、変えていくべき対象と捉える、すべての人たちなのだ。そんな人々が増えていけば、その国は、さまざまなショックに強く、そして他者に優しい国になっていくのだろう。そして、それはバングラデシュも日本も変わらないのではないだろうか？

chapter

7

貧困者の経済的自立を
どう支援するか

How can the poor be empowered to be self-dependent?

［金融］

バングラデシュを代表する銀行

いまやソーシャル・ビジネスの代名詞ともいえるグラミン銀行。創設者のムハンマド・ユヌス博士とグラミン銀行が2006年にノーベル平和賞を受賞して以来、小額のローンを5人組の女性に無担保で貸し付けるマイクロファイナンスのモデルは、貧困削減や女性の地位向上に資するツールとして世界中の注目を集め、バングラデシュのブランディングにも貢献してきた。

他方、お金を貸すだけでは貧しい女性の持続的な生活水準の向上に結びつかないのではないか、20%前後の金利は高すぎるのではないか、などの議論も巻き起こっている。インドのアンドラ・プラデーシュ州で発生したマイクロファイナンスの多重債務と借り手農家の自殺問題に端を発する関連規制の強化、あるいは、グラミン銀行とバングラデシュ政府側の確執による2011年春のユヌス博士のグラミン銀行総裁解任騒動といった出来事が、マイクロファイナンスへの懐疑的な見方を増やしているのも確かだ。

世界中の賞賛と論争の的になっているグラミン銀行のビジネス・モデルや、その背景にある哲学をより深く知りたい。こんな問題意識をもって、僕はグラミン銀行の幹部やスタッフとの意見交換、支店での現場ローン・オフィサーとの議論、そして「センター」と呼ばれる借り手の女性たちのミーティングへの参加の機会を持ってきた。本章では、そうした経験などを元に、「貧困者の経済的自立をどう支援するか」というテーマと向き合っていきたい。

誰がグラミン銀行の顧客なのか

1976年、当時チッタゴン大学教授だったユヌス博士が、ジョブラ（Jobra）という村で、高利貸からの借金取立てに負われて貧困の連鎖の中にあった女性たちに、ポケットマネーで20ドル程度のお金を貸し付けた。その結果、彼女たちの生活水準は大きく改善し、貸したお金は博士の手元に

ダッカ市ミルプール地区にそびえるグラミン銀行の本社ビル

戻ってきた。グラミン銀行の原点が、この印象的なストーリーであることはよく知られている。その後数年間、ユヌス博士は学生とともにこうした取り組みを続けながら、より広範囲でのマイクロクレジットの展開を模索。そして、無担保融資を認めていなかった当時の銀行法の壁に直面した。ユヌス博士は、政府内の人脈を活かして、農村部の貧困層の生活水準改善を目的とする、小額の無担保融資を可能とするための新法制定を、当時の中央銀行総裁に働きかける。提案に共感した中央銀行は新法の策定に着手、国会議員の賛同も得て成立した「グラミン銀行法」に基づいて正式にグラミン銀行が発足したのは1983年のことだった。

　発足当時の顧客数は5万8000人。約30年を経た2012年現在では約150倍の860万人に上っている。顧客はいったいどのような人々なのだろうか？　グラミン銀行をはじめとするマイクロファイナンスの主たる顧客が女性であることはよく知られているが、当初からそうだったわけではない。発足当初は顧客の半分以上が男性だった。しかし、その後女性の割合が伸び続け、10年後の1993年には9割を突破。この変化の背景には何があったのだろうか。グラミン銀行に20年以上勤めているマネージャーのモーシェッドさんは次のように語ってくれた。

「理由の一つは、女性と比較して、男性は規律がつけがたいことです。5人でグループをつくるとき、あるいは一定数のグループが集まって『借り手センター』を運営しようというとき、男たちは得てして『俺がチーフになる』という輩が多くてまとまらない。言い争っているかと思えば、タバコを吸いにぷいっと外に出てしまう。マイクロクレジットを効果的に継続展開する上でよいこととは言えません。『グループ全体がうまく機能するにはどうしたらよいか』という発想での言動が、女性のほうに傾向として多く見られたのです」

「二つ目の理由は、顧客の生活状況についての調査の結果に基づいています。たとえば、日々一番気にしていることは何かという質問。男性の主たる答えが『(外での)仕事の状況』である一方、女性のほとんどは『子供のこと、家庭のこと』。日中の時間を何に使っているかという質問に対しては、男性は『外での仕事に5、6時間、残りは茶店で仲間とおしゃべり』といったものである一方で、女性は『日の出から日没まで、一日12時間近く、子供の面倒、水汲み、炊事・洗濯などに汗をかく』といった回答でした。他方で、資産をどのくらい持っているのかという質問については、牛、土地、家屋等の大きなものから農機具やカーテンといった消耗品の類まで、何がしかの資産の所有権を持っていると回答した女性は

グラミン銀行の顧客数、女性割合の推移

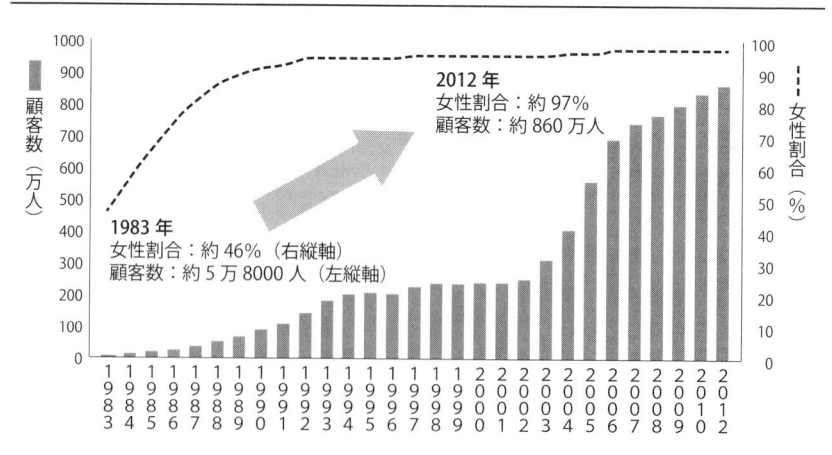

1983年
女性割合:約46%(右縦軸)
顧客数:約5万8000人(左縦軸)

2012年
女性割合:約97%
顧客数:約860万人

出典:グラミン銀行ウェブサイトより作成

ほとんどいなかったのです。調査の結論を一言で言えば、『女性は家族のために懸命に働くが、資産を持っていない』ということ。これには、女性の家庭内でのハード・ワークが目に見えるキャッシュを生まない、という事情も影響していたのです」

「我々が女性に焦点を当てた理由はそこにあります。女性に小額ローンという形のキャッシュにアクセスする力を与える。それが彼女たち自身の手で何がしかの事業を始める力に転換されれば——たとえば牛を買って牛乳を売るビジネスでもいいでしょう——女性たちは自らの資産とそこから生み出されるキャッシュ、そして、家庭内での発言権を得ることができます。こうして高められた女性たちのパワーは何に使われるか。それは彼女らが日々一番気にしていること、つまり家庭と子供です。したがってこれは、たとえば各家庭の所得の向上といった経済指標だけでなく、乳幼児への十分な栄養提供、女子の就学率の向上、早期婚の防止、合理的な家族計画の実施、あるいは性感染症の予防といったさまざまな社会指標の改善にも大きく貢献しうる。我々の顧客のほとんどが女性である理由はここにあります」

なお、女性へのフォーカスが大きな開発効果を生むことについては、世界銀行が毎年さまざまなテーマで作成・公表している「世界開発報告（World Development Report）」の2012年版「ジェンダーの平等と開発（Gender Equality and Development）」が世界に向けて発信した「ジェンダーの平等を目指すことは正しいだけでなく経済合理的である」とのメッセージとも重なる。この報告書は、以下のような統計的な裏付けも示している。

- 女性の農民が男性と同等の扱いを受けることで、メイズ（トウモロコシ）の収量が、マラウイで11〜16％、ガーナで17％増大した。
- ブルキナファソでは、肥料や労働などの農業インプットへの女性のアクセスを向上させる、つまりこうした資源の配分を男性から女性に移すだけで、追加的な資源を投入することなく、世帯当たりの農業生産高が全体でおよそ6％向上した。

- 食糧農業機関（FAO）の推定によると、女性の農民が男性と同等に資源へアクセスできれば、途上国における農業生産高は 2.5〜4％も増大する。
- 特定の職種やセクターから女性を締め出してきた障壁を撤廃すれば、多くの国々で男女の労働生産性の差が3分の1から2分の1ほど縮小し、労働者1人当たりの生産量が3〜25％改善される。

本書でも何度か言及してきたが、バングラデシュは女性の地位向上による社会指標改善のフロント・ランナーだ。たとえば、女子の中学校就学率は1991年の30％から2005年には56％に向上、女性の労働市場参加率は倍増、そして出生率は1971年の約7人から2008人には約2人にまで低下[1]する等の成果が世界開発報告でも紹介されている。こうした成果の裏には、政府や外国の援助機関による各種のプロジェクトだけでなく、グラミン銀行をはじめとするマイクロファイナンスの力も大きかったのかもしれない。

話をグラミン銀行の顧客に戻す。グラミン銀行のビジネス・モデルの中核は、「センター」と呼ばれる、借り手の女性たち5名でつくられた12のグループ、つまり60名の女性たちが集まって毎週一度ミーティングを行う場所だ。ミーティングでは、各グループの借入・返済状況の確認や、借りたお金で行うビジネスのベスト・プラクティスの共有などがなされる。なお、グラミン銀行は顧客と従業員の双方を合わせて、「グラミン・ファミリー」と呼ぶそうだが、その全体像を次ページに図示した[2]。

以下では、僕が訪問したタンガイル県ゴライ・ユニオンのジョイエルパーラ村にある「センター」で対話した顧客女性たちの話を紹介したい。

借り手の女性たち

センターの入り口から中をうかがうと大勢の女性たちが座っている。「別に君が来るから特別に集まってもらったわ

1 World Development Indicator

2 2012年10月現在(Grameen Bank)

グラミン・ファミリーの構成

農村部の女性たち　8,598,000 名
センター　143,300
支店　2,567
エリア・オフィス　268
ゾーン・オフィス　40
本部　1

※各センターは5名の借り手で作られた12の女性グループで構成

けではない。毎週やっているミーティングにちょっとお邪魔させてもらうだけだよ」と言うモーシェッドさんに手招きされて中へ入る。すると、センターのチーフであるアグリーマさんの号令で、女性たちが全員いっせいに起立し、敬礼し、そして着席した。まるで軍隊のような一斉動作に面食らう僕に「これもいつものこと。効果的なマイクロファイナンスには規律が必要ということでしたよね。毎回ミーティングの最初と最後にこれをやるのは、グラミン・ファミリーのしきたりなのだよ」とモーシェッドさん。

　ちなみにセンター・チーフは12のグループのチーフの中から一名が女性たちによって選ばれる。センター・チーフは毎回のミーティングの議事進行に加え、グラミン銀行が主催するテーマ別の起業向けセミナーに出席し、そこでの学びをチームの皆に共有する役割も果たしているそうだ。
　さて、グラミン銀行の借り手である目の前の女性たちは、グラミン銀行からいつ、いくら借入れをし、それを何に使っているのか。その結果、生活はどのように変化したのか。僕は約60名の女性たちに尋ねた。
　ちなみに、グラミン銀行法は、貸付け対象を「土地なしの人々」と限定している[3]。さらにグラミン銀行の内部規定は、最初に借入申請をする段階で土地などの資産を持たない、自ら働くことができる程度に心身が健常で、管轄支店区域内に住む18歳以上の人に対して融資を実施すると定めている。目に前にいる女性たちは、つまり、そういう人たちだ。

3　グラミン銀行法（Grameen Bank Ordinance）19条

最初に立ち上がって質問に答えてくれたのはソニアさんという恰幅のいいおばちゃんだ。現在村で雑貨屋を営む彼女は、10年前からグラミン銀行のローンを活用しており、現在の借入額は10万タカ（約10万円）。小学校の若手教師の給与が8000タカ、僕の家で働いてくれているベテランのコックさんの月給が1万3000タカであることを考えると、ちょっとびっくりする額だ。しかし、毎週2500タカを確実に返済しているという。彼女が10年前に初めてグラミンのローンを利用した際の借入れ額は3000タカだったそうだ。その時は住んでいた家は小さく、生活は家族が食べていくだけで精一杯だったが、現在は4軒の家を持ち、水道システム、トイレ、電気、テレビが備わっているという。

次に答えてくれたナズマさんも、8年という比較的長い借入暦を持つ女性。借入額もソニアさんと同じ10万タカで、毎週2500タカを返済しているという。借りたお金で牛を買い、日常的なミルク販売、年に一度の犠牲祭（牛を大量に買い入れて街中で捌き、貧困層に分け与えるイスラム教徒の祭り）向けに牛を市場に出す商売を営んでいるという。昔はトタンと木の枝葉で作った粗末な家だったが、今は清潔なトイレもついたレンガ造りの家に住んでいるとのこと。一人息子と二人の娘は皆中学校を卒業し、それぞれ結婚した。ちなみに、バングラデシュで中学校を卒業するのは10人中4人程度に過ぎない。

借り手センターに集まったグラミン銀行の借り手の女性たち

三番目の女性は小さな男の子を連れたロシナさん。2年前にグラミン銀行の融資を受けたばかりで現在の借入額は1万2000タカ。彼女も借りたお金を元手に牛のミルクを売る仕事をしており、週に300タカ、月に1200タカを返済するとともに、毎週30タカの貯蓄もしている。これから仕事の幅を広げ、一人息子の教育や家の建て替えの費用を工面したいという。

　続く女性はクッキー作り、その次の女性は米の脱穀や加工の自営業を営んでおり、それぞれ1万タカのローンを毎週250タカずつ返済するとともに、毎週50タカを貯蓄しているとのこと。このように女性たちの間で借入額にはだいぶ差があるようだったが、グラミン銀行のウェブサイトによれば、2010年現在の平均貸付金額は約1万タカということだ。

　なお、グラミン銀行が融資に当たって、同じような経済的・社会的な境遇にある"ご近所さん"同士で「5人組」を作らせることはよく知られている。そして、このセンターは「5人組」が12グループ集まって毎週ミーティングを行う場であることも既に触れた。ここで重要なポイントは、グラミン銀行の融資は「5人組」に対してではなく、あくまで個人に対して実施されること。つまり「5人組」は、仮にグループの誰かが返済できなくなった場合に他の誰が保証しなければならない、といった連帯保証の仕組みではない[4]のだ。

　では、「5人組」の役割とは何か。僕と意見交換をしたグラミン銀行の幹部の一人は、「Peer Support & Close Supervision」という言葉で表現した。すなわち、「お互い助け合い、学びあい、そして規律付け合うためのグループ、ということだろう。「センター」が、各グループの借入・返済状況の共有だけでなく、自営業を営む上でのベスト・プラクティスを学びあう場であることは既に述べたが、ここで少し深堀りして紹介したいのが、「5人組」のメンバーを「規律付け」るための方法だ。

　女性たちが5人組をつくり、そのグループがグラミン銀行に承認されても、全員がすぐに借入れをできるわけではない。

[4] Grameen Bank at a glance 3.0　No Collateral, No Legal Instrument, No Group-Guarantee or Joint Liability

5人のうち2人がまず借入れをし、両方が6週間連続で、利子と元本部分について、毎週、期限内に必要な返済をした場合に限り、残りの3人が借りられるようになるという仕組みが採用されている。当然、残りの3人は最初の2人の借入れ動機、借入額返済スケジュール等について、相当の注意を持って観察するだろう。無茶な内容であれば、最初から借入れをさせないかもしれない。そうでもしなければ、自分が必要とするローンを借りられなくなってしまうのだから。

　こうした仕組みにより、「5人組」には結成当初から、一定の規律が生み出される。こうした規律が、人と人との距離が物理的にも精神的にもきわめて近いバングラデシュの農村部の状況と相まって、強固な貸し倒れリスク管理のメカニズムとして働くことになる。しかし、繰り返しになるが、借りるのは個人、返済するのも個人なのだ。周囲は、正しい行動を動機付ける存在でしかない（無論、緊急の場合に、お互い資金を融通しあうことはあるかもしれないが、それは公式の融資ではない、あくまでも非公式の相互扶助だ）。

グラミン銀行の提供するサービスとは

　グラミン銀行の職員との対話や同行のウェブサイトには、借り手女性たちが体験したさまざまな成功物語が登場する。こうしたストーリーが、実はごくわずかな成功例を誇張したり、一般化したりしたものではないとしたら、いったい、成功の背景には何があるのか。そもそも、彼らは成功をどのように定義しているのだろうか。いかなるサービスをどのような方法で提供しているのか。リスクをどのように認識し、それをどう管理しているのか。

　こんな問題意識を持って僕はグラミン銀行の支店の門をくぐった。バングラデシュのほぼすべての地域に展開する約2500のグラミン銀行の支店は、それぞれ平均55箇所のセンターを所管している。一つのセンターが12の「5人組」で構成されることを考えると、一つの支店は平均約3300人の顧客と向き合っていることになる。鉄筋一階建ての支店の中では、机に向かって黙々と電卓をたたく職員を、質素なサ

リーで身を包んだ数人の女性たちが囲んでいる。融資の承認を待っているのだという。既に貸し出した資金については、グラミンの職員が村々を回りながら回収していくが、借入れに際しては、女性たちが支店に赴く必要がある。この点はごく普通の金融機関と同じだ。しかし、そこで提供する金融商品の内容は、さまざまなリスクや不確実性の下にある農村の女性たちの状況に対応したデザインとなるよう工夫を凝らしたものであることを、僕は、職員との意見交換を通じて知ることになった。以下、グラミン銀行の最も標準的なサービスである「ベーシック・ローン」について、その特徴を紹介したい。

◎担保なし、保証人なし、契約書なし

　グラミン銀行がその設置法において、担保となる土地や資産を持たない層に顧客が限定されいること、および5人組が連帯保証の役割を果たすものではなく、借入れ・返済ともにあくまで個人ベースでなされることは既に紹介したが、もう一つの大きな特徴は、顧客とグラミン銀行との間には、融資に当たって契約書が交わされないという点だ。双方が合意した借入れ金額とその条件、返済状況については、「グリーン・シート」と呼ばれるカルテに記載されていくが、双方の署名などはなく、あくまでも備忘録に過ぎない。複数の支店を統括するエリア・マネージャーのラディブさんはこう語る。
「記載内容に不履行などがあった際、グラミン銀行は、顧客を裁判所に引っ張っていくようなことはしません。問題解決の方法はあくまでも双方の話し合い。そのベースにあるのは、書類ではなく対話を通じた相互の信頼なのです」

　バングラデシュの識字率が5割少々であることを考えると、契約書の内容を理解できる人は、グラミンの顧客層ではごくわずかだろう。また、たとえ理解できたとして、いざ訴訟となった時、彼女たちに弁護士を雇う余裕があるだろうか。こう考えると、契約書を交わすという形式的な行為により、借り手の権利や財産が実質的には不当に侵されるリスクは高い。双方の約束事をシンプルなメモにし、密な対話に基づく信頼でそれを守っていくという方法のほうが、顧客にとって納得

感が強く、従ってその内容が履行される確率も高いのかもしれない。

◎ 返済スケジュールは顧客一人ひとりの状況に応じたテーラー・メイド

ベーシック・ローンは初回借入れ1万タカ（約1万円）で毎週の返済が求められるが、返済期間および週ごとの返済額については、職員と借り手女性の話し合いを通じた借入れ時の合意に基づいて、かなり柔軟に設定できる。たとえば返済期間は3ヶ月から3年までの幅のなかで自由に設定でき（平均返済期間は44週間）、毎週の返済額も定額である必要はない。これは、グラミンの顧客である貧困層が手がける小規模なビジネスや農業のキャッシュ・フローが、季節等により大きく変動する傾向が強いという事情に応えるものだろう。なお、借入れに当たって合意した返済内容で1年間毎週確実に返済した顧客は、毎年25％ずつ借入れ上限が引き上げられる。

◎ 3％の保険料で借り手が死亡した場合は借金全額免除＋葬儀代支給

借入額の3％を保険料として支払った顧客は、不慮の事故や病気で本人（女性）およびその夫がなくなった場合、残された借金は全額免除となり、また1500タカの葬儀代も支給される。本人がコントロールできないリスクが不幸にして現実のものとなっても、残された子供や親族に借金が圧し掛からないようにすることで、マイクロファイナンスが貧困を再生産する要因にならないよう配慮されていると言えるだろう。

◎ 借り手の子供への奨学金の提供

借り手の子供が大学へと通う費用を補助するためのプログラムも用意されている。各支店で特に成績の良い子供16名（うち半分は女子、残りの半分は男子と女子から成績の良い順に適用）を選び奨学金を提供するこのプログラムにより、これまで約15万人の子供たちが、高等教育への進学を手にしたという。これは、借り手の母親たちが子供の教育に力を入れる上での大きなインセンティブだろう。

◎ 職員のモチベーションの源泉となる「10の指標」と「五つ星」

　ベーシック・ローンの上記の特徴はいずれも、グラミン銀行の職員が、顧客の生活水準を持続的に向上させるという思いを持って積極的な対話を試みるか否かにより、相当程度、結果が違うものとなるだろう。たとえば職員や支店の成績が「融資量」や「回収率」、あるいは「儲け」のみで判断されれば（無論、これらは金融機関としては無視できない大切な指標だが）、不必要に長期の返済期間を顧客に提案して金利を余分に稼ぐ、過剰借入れを顧客に奨励する、あるいは暴言によって資金回収を図る、といったことも起こりかねない。

　その点、グラミン銀行が設定している「10の指標」は興味深い。まっとうな家屋、清潔なトイレ、娘／息子の小学校への就学、十分な衣服、一日三度の食事といった項目が並ぶ

10の指標（グラミン銀行ウェブサイト 10 Indicators より著者訳）

1. 総資材価格が2万5000タカ（約2万5000円）相当の家、あるいは、トタンの屋根がある家があり、家族全員が床ではなくベッドで寝ることができる。
2. 家族全員が安全な飲み水にアクセスできる。
3. 6歳以上の子供たち全員学校に通っているか、あるいは、小学校は卒業している。
4. 毎週最低200タカのローン返済をしている。
5. 清潔なトイレを使っている。
6. 家族全員に十分な服がある。冬場はマフラー、セーターや毛布で暖を取ることができる。蚊帳を張り蚊から身を守れる。
7. いざという時のための、菜園、果樹等の副収入源がある。
8. 少なくとも年間5000タカの預金残高がある
9. 家族全員が三食を食べるのに困らない。年間を通じていつでも空腹に苛まれることがない
10. 家族全員の健康管理ができる。家族が病気になったときには、十分な治療を受けさせることができる。

この指標は、各支店が、顧客の状況を毎年チェックする際に用いるものであり、「顧客が貧困から脱却したか」を判断するためのツールとして用いられている。言い換えれば「10の指標」はグラミン銀行の成功の定義なのだ。職員や支店のパフォーマンスを評価し、相互の切磋琢磨を引き出すことにも貢献しているようだ。さらに、「成績のよい」支店や職員には「五つ星」が賞として与えられる。

☆グリーン・スター：融資の回収率が100％の職員・支店
☆ブルー・スター：利益を出した支店
☆バイオレット・スター：融資量を上回る預金を集めた支店
☆ブラウン・スター：借り手女性の子供が全員小学校に通っている／卒業した支店
☆レッド・スター：顧客全員が「10の指標」をクリアした支店

金融機関として事業を継続するために必要な財務指標と、顧客の生活水準を持続的に向上させるための社会指標とがバランスよく盛り込まれている。「契約書・保証人・担保なし」、「テーラーメードの返済スケジュールと実績に応じた融資上限の引上げ」といったグラミン銀行のローンは、「10の指標」「五つ星」といったインセンティブ・メカニズムと合わさっているからこそ、顧客女性の貧困からの脱却という社会的ミッションと、金融機関としての財務の健全性とを両立できるのだろう。

グラミン銀行の金利は高いのか

ところで、グラミン銀行をはじめ、マイクロファイナンスの金利水準は常に論争の的だ。対象とする顧客が、土地や資産も持たない途上国の低所得者層であることから、金利の徴収は「搾取」の同義語と捉えられやすい。実際、「ノーベル平和賞と持て囃されているけれど、マイクロファイナンスの金利は日本の消費者金融と同じか、それ以上だ」と批判する声は強い。また、「実質的には額面よりも高率の金利を課している」、「金利設定が複雑過ぎて、貧困層はもちろん、その

国の規制当局や、先進国のドナーにとってもわかりにくく不透明」といった意見もある。なぜなら実際に顧客が支払う総額は、たとえば借入元本のみに課される単利なのか、利子分も含めて計算される複利なのかによって大きく異なるし、金利以外に「手数料」や「保険料」を徴収する、あるいは半ば強制的に貯蓄を奨励する機関もあるからだ。

他方、金利は事業を継続していくための基盤となる利益の源泉だ。「貧困撲滅」という美しいビジョンを掲げても、利益を上げていかなければ、自律的・持続的に事業を継続することは不可能であり、ビジョンは実現できない。従って、金利水準は、金融機関自身の資金調達コストをはじめ、人件費、支店の開設・運営、そしてシステム維持等に必要となる経費や貸倒れに備えた引当てといったさまざまなコストを十分にカバーできる水準とする必要がある。

借り手の生活水準向上の力となりつつ、自らの事業基盤を確立する「適切な」金利水準、そして、貧困層を顧客とすることに伴う倫理的な批判にも応えうる「正しい」金利水準はいくらなのか、難しい問題だ。

前置きがやや長くなったが、グラミン銀行の最も標準的な商品であるベーシック・ローンの金利は20%だ。これに5%の「強制預金」がついてくる。つまり、資金を借り入れる際に5%（1万タカを借りた場合には500タカ）が差し引かれて、顧客名義の口座に預金されることになるのだ（ただし、このうち半分は即時に引き出し可能で、残りは少なくとも3年間引き出し不可であることから、真に強制的なのは2.5％分のみ）。

ここで、日本の代表的な消費者金融であるアイフルのウェブサイトを開いてみると「実質金利4.5%〜18%」というメッセージが目に飛び込んでくる（2013年8月現在）。こうした数字をもって「グラミン銀行は日本の消費者金融以上の金利を月収1万円にも満たないバングラデシュの農村部の女性たちに課し、搾取している」という批判が展開されることになる。

これへの典型的な反論は、「グラミン銀行がサービスを始める前、村の貧困層は、200％もの金利を要求する高利貸しから借り入れていた。これと比較すれば、20％（＋2.5％の強制預金）は十分安い」というものだ。これは確かにその通りだが、これだけでは、「それは比較の対象がおかしい。グラミン銀行設立から既に30年が経過し、数多くのマイクロファイナンス機関が業務をしている現在もなお、マイクロファイナンスは高利貸しの代わりなのだろうか。途上国の貧困層向けのマイクロファイナンスが、日本の消費者金融以上の金利を取るのは、やはり搾取だ」という批判に十分に応えられない。

　では、グラミン銀行の「金利20％」という水準を、他のマイクロファイナンス金融機関と比較してみよう。「真に貧困削減に資するマイクロファイナンス事業の実現を、金利設定の透明性の追求を通じて実現する」ことをミッションに活動しているマイクロファイナンス・トランスペアレンシーというアメリカのNPOが、各国のマイクロファイナンス機関の金利水準について調査結果を公開している。そのデータによれば、バングラデシュのお隣のインドで活動する87のマイクロファイナンス機関が提供する235のローンの金利水準は、おおむね25％から35％の範囲にある。またエクアドルの30機関では15％から40％の間でばらつきがあるが平均25％程度だ。ちなみに、バングラデシュのマイクロファイナンス業界の規制・監督機関であるマイクロクレジット規制庁（Microcredit Regulatory Agency）が2011年6月に導入した金利の上限規制は27％だ。こうしてみると、グラミン銀行の金利水準は、マイクロファイナンス業界の平均値をやや下回る水準であることがわかる。

　また、マイクロファイナンスの金利に対する批判は日本等の先進国の貸金業の金利水準との単純比較でなされることが多いが、途上国のマイクロファイナンス機関の金利が「適切で」、「正しい」ものなのかは、その事業環境についても考える必要があるだろう。たとえば次の数字[5]を見るとどうだろうか。

5　Bangladesh Bank、日本銀行、総務省統計局（2012年10月現在）

政策金利
　バングラデシュ：7.75%
　日本　　　　　：0〜0.1%
インフレ率（前年同月比の消費者物価指数）
　バングラデシュ：10%前後
　日本　　　　　：マイナス0.4%

　上記で紹介したグラミン銀行および他の新興国・途上国のマイクロファイナンスの金利水準は物価上昇分を加味しない名目ベースだ。インフレ率を差し引いた実質ベースで見ると、だいぶ風景が違って見えるだろう。また、債券発行や借入によるマイクロファイナンス機関自体の資金調達コストも、先進国と比較すればずっと割高だ。こう見ると、マイクロファイナンスに限らず、先進国の金融業と途上国の金融業の金利水準を単純比較することは、そもそもナンセンスだということになる。

　さらに、金利水準の妥当性について判断するには、利率だけでなく金利を課す方法についても注意する必要がある。この点グラミン銀行の20%の金利は、元本のみにかかる単利だ。そして、借入当初の元本額をベースに返済終了まで同額の金利の支払いが発生する「Flat Basis」ではなく、資金返済が進むに従って減っていく「未返済の元本額」に対してかけられる「Declining Basis」で計算される。グラミン銀行のウェブサイトでは、この点がバングラデシュの政府が運営するマイクロファイナンスの利率との比較で強調されている。すなわち、政府のマイクロファイナンス金利は11%とされているものの「Flat Basis」であり、グラミンが採用している「Declining Base」で再計算すると22%相当になるという。グラミン銀行のほうが官制マイクロファイナンスより安い、というわけだ。

　こうしてみると、持つべき疑問は、「グラミン銀行の金利は高過ぎるのではないか」ではなく、むしろ「なぜ、グラミン銀行の金利は他のマイクロファイナンスと比較して低く抑えられているのか」なのかもしれない。

そして、その答えは、グラミン銀行が実はマイクロファイナンス機関ではない、という点にある。

グラミン銀行には誰が資金を提供しているのか

グラミン銀行は「銀行」だ。マイクロファイナンス機関ではない。ともに小額のローンを貧困層に提供する点で共通しているが、前者が「グラミン銀行法」によって設立された「銀行」である一方で、NGOが経営する一般のマイクロファイナンス機関は、マイクロクレジット規制庁が所管する法律によって提供できるビジネスの範囲等が決められている「貸金業」だ。そして、「銀行」と「貸金業」の間に見られる最も重要な違いの一つが、前者は借り手の女性たちからはもちろん、それ以外の一般からも預金を受け入れることができるのに対し、その他NGOが経営する一般のマイクロファイナンス機関はそれができないという点だ。さらにグラミン銀行法は、グラミン銀行の債務には政府の保証がつくとしている[6]。

6 グラミン銀行法（Grameen Bank Ordinance）第21条2項

金融機関自体の資金調達コストが借り手に課す金利水準に及ぼす影響はきわめて大きい。政府保証のついた預金を、顧客である女性たちからだけでなく（しかもその一部は強制預金）、広く一般から集められるという特徴は、一般のマイクロファイナンス機関と比較して圧倒的に有利で安定した資金調達環境をグラミン銀行に与えることになる。過去20年のグラミン銀行の資金調達状況を表した次ページのグラフは、この点を物語っている。

受入れ預金総額を示す棒グラフは特に2000年以降急増し、また借り手以外からの預金も増加傾向にある（2010年時点で受入預金総額の46％が借り手以外の一般からの預金）。また、注目すべきは貸付総額と比べた預金受入額の割合（実線の折れ線グラフ）が2004年以降100％を超え、2010年時点で160％に達しているという事実だ。つまりグラミン銀行は、女性たちに貸し付けているお金の1.5倍以上の資金を預金で集められているのだ。なお、貸付に回らずに「余った」資金については、国債等に投資されている。

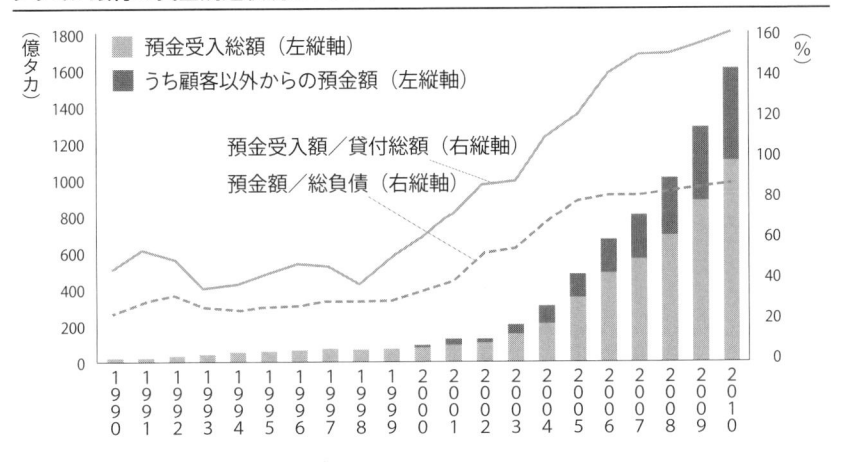

グラミン銀行の資金調達状況のトレンド

グラフの凡例：
- 預金受入総額（左縦軸）
- うち顧客以外からの預金額（左縦軸）
- 預金受入額／貸付総額（右縦軸）
- 預金額／総負債（右縦軸）

左縦軸：億タカ（0〜1800）
右縦軸：％（0〜160）
横軸：1990〜2010年

出典：グラミン銀行ウェブサイトより作成

　では、グラミン銀行に預金をすると、利息はいくらもらえるのだろうか。グラミン銀行の資料によれば、いつでも引き出せる一般預金で 8.5％、一定期間は引き出せない定期預金で 10.4％だという（2013 年 8 月現在）。日本の銀行に預けた預金から得られるスズメの涙の金利と比べると圧倒的な利率だが、思い出してほしい。バングラデシュの中央銀行が設定する政策金利は 7.75％。つまりグラミン銀行は、民間金融機関が中央銀行とやり取りする際に適用される政策金利に 1％程度上乗せしただけの金利でもって、大量の預金を調達できているということだ。

　この結果、グラミン銀行は 2000 年以降、一貫して黒字が続いており、2010 年は 7 億 5700 万タカの純利益を出している。グラミン銀行のベーシック・ローンの金利が他のマイクロクレジット機関と比較して低い水準にあるのは、グラミン銀行に対して資金を貸し付けているのが、借り手である女性たちをはじめとする幅広い預金者であるという事情による。その結果、少なくとも財務上は、グラミン銀行は国内外からの寄付などには一切頼らず、かつ純利益も継続して出すという自立的な経営を実現している。毎年の純利益は、一部は内部留保として次年度以降の事業の基盤となるが、残りはグラ

ミン銀行の所有者である株主に配当として還元される。では、グラミン銀行の所有者とは誰なのだろうか？

グラミン銀行は誰が所有しているのか

　グラミン銀行のミッションは貧困の撲滅という社会的なものだが、貸付事業を通じて利益を上げ、それを株主に配当しているという意味において、通常の株式会社とまったく変わらない。仮に、株主のインセンティブが金銭的リターンの最大化であれば、たとえば、金利の引き上げや、収益につながりにくい奨学金プログラムの廃止といった経営判断が下されてもおかしくない。

　しかし、これまで紹介してきた通り、グラミンの金利水準や返済方法は、借り手である女性たちの立場に配慮したものとなっている。それは、グラミン銀行の株式の97%が全国860万人の借り手の女性たちに（残りの3%は政府に）保有されているためだ。グラミン銀行の借り手には借入れ金額の5%の強制預金プログラムへの参加が求められるが、その預金の一部が、一株100タカの株式の購入に当てられるのだ。そして現に女性たちは配当を手にしている（2010年の株式配当は30%だった[7]）。

7　Grameen Bank at a glance 13

　株主の権利は、当然のことながら、配当の受け取りだけではない。企業の所有者としてグラミン銀行の経営に影響を及ぼしていくことになる。具体的には、グラミン銀行の経営方針にかかる最高意思決定機関である理事会の12名のメンバーは、9名が借り手女性の代表、3名が政府代表で構成されているのだ。

　たとえば2006年秋のノーベル平和賞受賞式で、ユヌス博士とともにグラミン銀行を代表して栄誉を受けたモサマト・タスリマ・ベグムさんは1992年にグラミン銀行から一匹のヤギを買うための約20ドルを借り、それを元手にビジネスを成功させ、ついにグラミン銀行の経営を担う理事会メンバーの1人となった女性だ。彼女のような借り手代表が4分の3を占める理事会において、グラミン銀行の経営方針

グラミン銀行の「所有者」である
借り手の女性たち

は決定されている。なお、グラミン銀行の設立当初、株主構成は政府60%、借り手40%だった。1986年の法改正で借り手75%、政府25%となって借り手の発言力が劇的に高められ、さらに2006年の法改正で現在の借り手97%、政府3%という株主構成になったのだ。

グラミン銀行の功績については、ユヌス博士のカリスマ性や、借り手女性の成功物語に焦点が当てられやすいが、顧客本位のビジネスが継続的・自立的に提供できているとすれば、それは顧客の声をダイレクトに経営に反映させることのできるコーポレート・ガバナンスや安定的な資金調達を可能とする法的基盤があるからにほかならない。その意味において、グラミン銀行が生み出してきたイノベーションや社会的インパクトは、グラミンの職員、顧客である女性たち、そしてユヌス博士をはじめとする経営陣の努力や創意工夫だけでなく、バングラデシュ議会・政府・中央銀行、さらにはそこで活動する人々を直接・間接に選んできたバングラデシュ国民の選択の結果といえるのではないだろうか。

グラミン銀行の失敗と自己変革

グラミン銀行について学ぶ中で、もっとも印象的なのが、創業以来最大の経営危機をもたらした1998年の大洪水と、

その危機を機会と捉えて職員全員の学びをもってビジネスモデルを革新していった物語だ。グラミン銀行は約30年の歴史を持つが、2000年4月に「グラミンⅡ」として生まれ変わっていたのだった。

　毎年雨季は洪水に見舞われるバングラデシュ。しかし、1998年の洪水はその規模において例外的だった。国土の約半分が屋根上まで10週間にわたり水没し、国全体に甚大な経済的・社会的な被害を与えたのだ。そして、当時既に200万人に上っていたグラミン銀行の借り手の女性たちと家族、その資産の多くも、大洪水の被害から逃れることはできなかった。借りたお金で購入し自営業の元手としていた牛が洪水で流され、夫が耕す農地も水没、さらに住処も洪水で失う……こんな状況に陥る家庭が国中に溢れた。

　グラミン銀行は、借り手の生活基盤の立て直しに必要な資金の追加融資や、既存ローンの返済スケジュールの緩和、あるいは一時停止などの救済措置を取った。しかし、事態は改善するどころか悪化の一途を辿る。ローンの回収率が落ち込む支店が続出、借り手同士の学びと規律を高めあうための「センター」に足を運ぶ女性たちの人数も、少しずつ減っていった。

「洪水がもたらした被害は凄まじかった。しかし、当時グラミン銀行が直面していた真の問題は、洪水による借り手の債務危機では実はなかったのです。借り手同士の間、および借り手とグラミン銀行との間で少しずつ蓄積してきていた矛盾や不満が問題の根っこにあり、洪水はそれを表面化させるきっかけだったのです」
　グラミン銀行勤務暦20年のマネージャー、モーシェッドさんは、こう当時を振り返る。グラミン銀行発足から2000年までの第一フェーズ、すなわち「グラミンⅠ」の期間、そのサービスは、モーシェッドさんの言葉を借りれば、「柔軟でなく、緊張感があり、とても厳しい」ものだった。以下「5人組の機能」、「返済方法・返済困難時の対応」を例に、「グラミンⅠ」と「グラミンⅡ」の違いに光を当ててみたい。

◎「5人組」の機能の変化

　グラミン銀行のビジネス・モデルの基本単位である「借り手女性の5人組」が果たす機能は、グラミンⅠとⅡとで大きな違いが有る。現在、「5人組」は連帯保証のメカニズムではなく、相互の学びと緩やかな規律付けのためのツールであることは既に述べたが、グラミンⅠのフェーズでは、借り手は「5人組」参加に当たり、他のメンバーの貸し倒れに備えて一定額を「グループ・ファンド」に積み立てる必要があったのだ。この積立金は預金と違って自由に引き出すことができなかったため、「グラミン税」と揶揄されて顧客の不満の種になっていたという。洪水を機に、グラミン銀行は、この「グループ・ファンド」を廃止した。

　グラミン銀行をはじめとするマイクロファイナンスの特徴である「5人組」については、「農村部に暮らす女性たちの間に存在する目に見えないが強固なネットワークを担保としてうまく機能させた」と評価する声をよく耳にするが、グラミンⅠのフェーズのように、女性たちのネットワークの間に、「グループ・ファンド」という名の相互保証のためのお金を具体的に介在させることで、それまでは存在していた大切な何かが失われる危険性は高い。それは、気兼ねないコミュニケーションを前提とした近所付き合いや、自立を前提とした上での相互扶助の精神だ。1990年代後半のグラミン銀行には、「5人組」制度の負の側面から生じた暗い影がさしていたのだ。

◎ 返済方法・返済困難時の対応に関する変化

　現在グラミン銀行の借り手は、職員と協議のうえ返済期間や毎週の返済額について自由に決められること、そして借り手死亡時に家族に借金が残されないよう全額「チャラ」にできる死亡保険制度があること、などを紹介してきたが、これらは洪水発生以前のグラミンⅠのフェーズには存在しなかった。毎週のローン返済額は返済期間に応じて一律だったのだ。

　顧客が返済に窮した際の対応も違う。現在は、何らかの事情で当初合意した毎週の返済が困難になった顧客が発生した場合、グラミンの職員が個別に面談し、返済可能な新しい

スケジュールを決めていく。たとえば毎週 300 タカずつ 1 年で返済するとしていた当初の返済スケジュールを、毎週 100 タカずつ 3 年で返済、といった具合に変更するのだ。顧客は返済期間の延長による金利負担の増加、そして借入上限引き上げの当面の凍結、という 2 点の不利益を被るが、引き続きグラミン・ファミリーの一員としてサービスを受けることができる。他方、グラミン I のフェーズでは、こうした返済スケジュールの変更はなく、返済が滞った顧客に対してグラミンの職員がやることといえば、「5 人組」のメンバーのプレッシャーも利用して、ただただ返済を迫るのみ。そして一定期間を過ぎても返済されないと「貸し倒れ」として処理し、事前徴収していた「グループ・ファンド」の資金で損失を補填、そして顧客はグラミン・ファミリーから除籍されてしまっていた。

　ここまで読めば、なぜモーシェドさんが大洪水以前のグラミン銀行のモデルを「柔軟でなく、緊張感があり、とても厳しい」と表現したかがわかるだろう。こうした事情により、1990 年代を通じて、「グラミンは便利だけれど冷たい、厳しい」というイメージが顧客やバングラデシュの農村社会に少しずつ染み込んでいった。モーシェッドさんはこうした事情を端的に説明してくれた。

「顧客とグラミン銀行との緊張感や不満の高まり、そして返済率の低下は、洪水以前から兆候が見られていたのです。でも、当時は仕方のないことだと思っていた。マイクロファイナンスの概念自体が新しいものだったし、全職員が理解し、顧客に理解してもらい、そしてそれをスケール・アップしていくためには、モデルはできるだけ単純、つまり one-size fits all（画一的）であったほうがよかった。大洪水が我々に与えてくれた最大の学びは、グラミンの融資モデルに顧客を当てはめる one-size fits all は機能しない。それぞれの顧客の状況に融資モデルをできる限り合わせる、テーラー・メードが必要だということだったのです」

　こうした経緯を経て実現したグラミン I から II への変遷は、

どんな効果をもたらしたのだろうか。この点を明らかにするために、本章で既に取り上げた二つのグラフを改めて見てみよう。一つは 114 ページのグラミン銀行の顧客数、もう一つは 129 ページの資金調達に関するグラフだ。

　鋭い読者の皆さんは既にお気づきだったかもしれない。1990 代は横ばいが続きだった顧客数や預金額が、ともに大きく上昇トレンドに転じるのは 2002 〜 2003 年ごろ、つまりグラミンⅡのモデルが開発され、各支店で実行に移されて 1、2 年が経過してからなのだ。大洪水をきっかけとしたビジネス・モデルの転換がなければ、グラミン銀行やユヌス博士のノーベル平和賞授賞もなかったかもしれない。

　大洪水という外的な危機発生を前に、ただ嘆くのではなく、むしろ、それを自己に内在する問題と向き合い変革を遂げる機会と捉えて集団の学びを促し、そして持続的成長を遂げるための新しい仕組みを作り上げていく……その一連のプロセスの指揮を執ってきたユヌス博士、そしてグラミン銀行の真価は、こうしたカルチャーを創り上げていったことにあるのではないだろうか。

グラミン銀行の背景にある基本哲学とは何か

　グラミン銀行の本社を、日本から訪問した友人たちと訪問し、幹部とディスカッションをした際に、こんなやり取りがあった。
「グラミン銀行が貸したお金で、女性たちが皆そろって牛を飼ってミルクを売る商売を始めたら、過当競争になって価格が下がり、思うように借り手の収入が伸びないのではないでしょうか？　グラミン銀行の現場職員は、こうした事態が起こらないように、しっかり指導できるのでしょうか？」
「そういうこともあるかもしれません。しかし、職員は女性たちを"指導"する立場にはないのです。そういう事が起これば、一部の借り手は、牛を育てるために必要な飼料を売る仕事をするかもしれない。あるいは、ミルクを集めて市場まで運搬する仕事を始めるかもしれない。こうしたアイディア

を、女性自らが、あるいは仲間との議論を通じて思いつき、実行に移していくことが大切なのです。グラミンの職員が手取り足取り教えるようなことはしません。私たちの役割は、彼女たち自身が自らの、そしてお互いの先生であり、また学び手となるような仕組みをつくること、具体的にはセンターなどでの議論を促すことです」

　グラミン銀行やユヌス博士に対しては、主にバングラデシュ国内で「金を貸すだけで、借りたお金をどう使うかに関する指導が足りない」という批判がある。確かにグラミン銀行の職員は、貸出し時に資金の使途について確認はするものの、女性たちが借りたお金で小規模ビジネスを成功させる方法やスキルに関する個別の指導はしてはいない。
　その代わり、「借り手センター」などの場で、ビジネスをうまく軌道に乗せている借り手の女性が、自らの経験や学びを他の女性たちと共有する機会を設ける、あるいは、各エリアで公衆衛生や教育、あるいはさまざまな小規模ビジネスの専門家を交えたテーマ別のワーク・ショップを開催し、そこに集ったセンター・チーフがそれぞれの学びをセンターに持ち帰り、共有するような仕組みを構築している。

　いずれにしても、グラミン銀行の職員自らが、手取り足取り教えるのではなく、借り手自らによる学びと自立を促すことにより、貸したお金が目的、すなわち「10の指標」で定義されている貧困からの脱却に向けて使われるよう促しているのだ。

　もう一つ、僕が衝撃を受けたグラミン銀行の奇抜なサービスを紹介したい。それは「Struggling Members Loan」だ。直訳すると「困窮メンバー向けローン」だが、要は「物乞いローン」だ。2012年現在8万2864人が利用しているこのローンには、5人組の組成や「借り手センター」での週1回のミーティング出席をはじめとするグラミンのルールは一切適用されない。返済期間やスケジュールに関しての取り決めもない。金利もない。利用に当たって「乞食稼業をやめること」という条件も課されない。交わされる約束は唯一つ……「いつか

返してください」

　借りたお金で現状を脱却するべく、何か小さな仕事を始めるか、それとも乞食稼業を続けるのか、グラミン銀行は、こうした選択に介入せず個人の判断にゆだねる。しかし、重要なのは、元手となるお金がなければ、仮に意志があったとしても、物乞いは物乞い稼業を続けるしか選択肢がないということだ。グラミン銀行の「Struggling Members Loan」は、機会さえあれば現状を何とか変えようと Struggle（格闘する）メンバーに対して、きっかけを提供しているのだろう。

　本章を通じて紹介してきたグラミンの商品やコーポレート・ガバナンスの構造、そして創業以来のビジネス・モデルの変遷から浮かび上がる、グラミン銀行の基本哲学とは何だろうか。それはおそらく、「顧客の可能性への信頼と、機会の提供による自立自助の精神の涵養」と言えるのではないだろうか。そして、この基本哲学は、国づくりの方向性や社会のありようを考える上で直面する、「"弱者"への援助・支援の必要性」と「自助努力を奨励することの重要性」という、二つの議論の衝突に重要な示唆を与えているように思う。

　明治期にミリオン・セラーを記録した『西国立志編』。その冒頭のフレーズ——「天は自ら助ける者を助ける」——は、国民国家として立ち上がったばかりの近代日本の精神的背骨となった。そこには、他者からの助けを期待してばかりでは個人も国家も成長は期待できないどころか、搾取の対象となり得る、という厳しさと緊張感がある。勤勉や努力こそ、成長の源であり最善のリスク管理策であるという思想は尊い。
　しかし、厳しさと緊張感ばかりが支配的な集団や社会では、隣人や共同体とともに成長し、その糧を享受し、そしてともにリスクを管理しようという発想が、その構成員から薄れやすい。そして、他者への関心の薄いそうした個人で成り立つ社会や集団は、強いように見えて脆い。大洪水を機に存続の危機に立たされた初期のグラミン・ファミリーにも、そうした傾向があったのかもしれない。

危機から10年を経た現在、グラミン・ファミリーは、甘えを生みかねない優しさにも、脆さと隣り合わせの自助努力一辺倒にも陥ることなく、人と組織を継続的に成長させ、問題をともに解決していくための、大切な何かをつかみ取ったように見える。それは、「信頼」と「柔軟さ」ではないだろうか。他者に自助努力を促すのであれば、その人の力を信じなければならない。信じてきっかけを与えなければならない。そして、そのきっかけが、思うように花開かなくても、じっくり待たなければならない。そして、必要なときに、優しさと厳しさとを柔軟に織り交ぜながら関与できるよう、その人の状況をじっくり観察しなければならない。そうした環境があって初めて、人は、周囲との関係性を大切にしながら自助努力に勤しみ、そして、思いがけない花を咲かすことができる。

　翻って、平成日本の国づくりに思いを馳せる。バブル崩壊、失われた20年、小泉構造改革、民主党政権、そして東日本大震災……広がる格差やコミュニティの崩壊を憂い、自己責任論に立脚した"競争原理"を責める声が聞こえる。一方で、厳しさを増す国際環境に危機感を感じながら、日本が生き残るためには、個人がよりいっそうの自助努力に励まなければならない、と説く声がある。日本の社会、あるいは日本人のあるべき姿をめぐるこうした議論に、グラミン・ファミリーの発足、失敗、そして発展の歴史は、こんな問いを投げかけているのかもしれない。

「今のあなたは、共同体のメンバーである他者――部下、上司、取引先、顧客、隣人、家族、あるいは、政治家、有権者――の力を信頼して、機会を与えているだろうか？　あるいは、与えられた機会を、他者からの信頼の証と認識し、それに応えるべく懸命の努力をしているだろうか？」
「他者の置かれた状況や特徴をよく観察し、理解しようと試みた上で、柔軟に接しているだろうか？　あるいは、自らの状況を、良いことも悪いことも含め、他者にしっかりと伝えられているだろうか？」
「相手に対して短期的な成果を求めすぎず、じっくりと待つことができているだろうか？　あるいは、あらかじめ設定さ

れた成果を出すことにこだわり過ぎ、あせり過ぎていないだろうか？」

　今の僕は、あなたは、どんな風に答えるのだろう。これから、どんな風に、答えていきたいのだろう？　そして、集団としてどのような答えを出す社会に住みたいと思っているのだろう？

chapter

8

働く人たちを守る仕組みをどうつくるか

What can we do to achive safer
and more decent work places for all workers?

[労働]

この国の産業の宝

　縫製業はバングラデシュ経済の生命線だ。

　欧米を中心とする各国への輸出額は目下年間約 200 億ドル（約 2 兆円）とバングラデシュの全輸出額の 78% に達する。縫製業が GDP に寄与する割合は 16%、首都ダッカや南東部の港湾都市チッタゴンを中心に展開する約 5500 の工場において 360 万人の雇用を生み出しており、その 8 割は女性[1]だ。縫製業は、ムスリムが多数を占めるこの国で女性の社会進出と経済的自立を後押しする大いなる力にもなっており、女性の進学率などの社会指標改善の背景にも縫製業の躍進がある。

[1] 2013 年 6 月 3 日付 Daily Star "Lifeline to Economy: Fact File"

　ユニクロをはじめとする日本のアパレル企業、日本に輸出される衣料品の検品会社、そして工業用ミシン市場を席巻する Juki など、バングラデシュの縫製業は、多くの日本企業のサプライチェーンにも深くかかわっている。人件費の高騰や反日デモなどに悩まされる中国からのシフト先として、バングラデシュに熱い視線を注ぐ企業が増えるなか、バングラデシュと日本企業、そして日本の消費者や投資家とのつながりは、縫製業を通じて今後ますます深まり、広がるだろう。

　マッキンゼーは、2020 年までにバングラデシュの縫製業は 600 万人の直接雇用を生み、売上規模は現在の 3 倍に増

縫製工場で働く女性

2 Mckinsey & Company "Bangladesh's ready-made garments landscape: The challenge of growth"

加するとの試算を出した[2]。2021年までの中所得国入りを目指すバングラデシュにとって、縫製業は国の将来の鍵を握る、かけがえのない産業であり、その担い手である工場の現場作業員は、まさに宝だ。

本章では、バングラデシュにとってそのように決定的に大切な縫製業の現場で起こってしまった信じられない悲劇とその背景、そしてこうした悲劇を繰り返さないために何が必要かという問いと向き合っていきたいと思う。

サバールの悲劇

2013年4月24日、水曜日の朝9時。ダッカから北西へ約15キロ、縫製工場が密集するサバール（Savar）という地区で、8階建てのビル、ラナ・プラザ（Rana Plaza）が倒壊、ビル内の5つの縫製工場で働いていた約3000の工員たちがコンクリートと鉄骨の山に飲まれた。事故発生直後から、消防や軍のチームが市民ボランティアとともに、一人でも多くの同胞を巨大な瓦礫の下から救い出すべく、不眠不休の作業を続けた。BNP（バングラデシュ民族主義者党）率いる野党連合も、実施していたデモ行進を急遽取りやめ、現地に人員を派遣して側面支援。市内の大病院では、医療従事者がフル回転で次々と運び込まれる負傷者の手当てに取り組んだ。事故発生から17日後には、重機が取り除いた瓦礫の下から、女性工員がほぼ無傷で救出されるという奇跡も起こった。

関係者の懸命の努力にもかかわらず、ラナ・プラザの倒壊事故は、死者数1127人、重軽傷者数約2000人という、バングラデシュの歴史に残る大惨事となった。そして、この悲劇が、突然起こった不運な事故として片付けられるものでは決してなく、ほぼ確実に避けられたにもかかわらず発生した、殺人とも言える人災であったことが明らかになるにつれ、人々の、特に全国約5000の縫製工場で働く工員たちの怒りは爆発した。

そう、ビルは「突如」倒壊したのではなかったのだ。事件

chapter 8　働く人たちを守る仕組みをどうつくるか

が起こる前日に、従業員がビルの柱に大きな亀裂が走っているのを発見。通報を受けた現地の警察がラナ・プラザに立ち入り、「倒壊の危険が高いため、ビルへの立ち入りを当面の間禁止する」旨の命令を出していたのだ。にもかかわらずビルのオーナーは当局の役人が去った後、「建築の専門家」と称する人物を連れてビルの安全性を「検証」し、「修繕は必要だがすぐに倒壊するリスクはない」とビルの関係者に伝えたのだ。これを受け、翌朝5つの縫製工場の現場管理者は通常通りの操業を決定。不安と抗議の声を上げる従業員に対して、

「"専門家"もビルのオーナーも問題ないと言っているんだ。納期も迫っている。つべこべ言うと、給料を払わんぞ。働きたくない人間は、明日以降もずっと、工場に来なくていいんだぞ！」

と脅しをかけ、従業員を、多くは若い女性の工員たちを、持ち場に着かせた。そして、悲劇はその30分後に起こったのだった。

一方、このビルの1階に入っていたBRAC銀行の支店では、死者も負傷者もゼロだった。当局の警告を受け、マネージャーがすぐに当面の間の支店業務の停止を決定、従業員だけでなく約2000人の顧客に対しても、携帯電話のショート・メッセージを使って、支店業務の停止とともに、倒壊の危険性があるラナ・プラザに近づかないように伝えるとともに、そのことを監督官庁であるバングラデシュ中央銀行にも報告していたのだ。

利益確保のために操業継続を最優先し、従業員の命をないがしろにした工場の経営者とビルのオーナーは、業務上過失致死や建築基準法違反の容疑で警察当局によって逮捕されたものの、縫製工場で働く工員たちの怒りは収まらなかった。ラナ・プラザの倒壊以降、サバール、アミンバザール、ヘマエプール、アシュリア、ナラヤンゴンジ等、ダッカ近郊の縫製工場地帯を中心に、大規模な暴動がたびたび発生。複数の工場が投石などにより破壊され、火炎瓶が投げ込まれ放火されるとともに、道行くバスや乗用車にも無差別攻撃が加えら

れたのだ。怒りに駆られた彼らの行動に対しては、「無関係な人を巻き込むのはおかしい」、「工場を破壊したら自分たちが働く場所がなくなるではないか」、「もっと生産的な方法で抗議できないのか」といった疑問が当然わいてくる。しかし、以下の事実に思いを致せば、バングラデシュの縫製工場で働く人々が、到底受け入れがたい不条理の下で、やり場のない怒りを沸騰させてきたことが理解できるかもしれない。

たとえば2005年4月に、スペクトラム（Spectrum）社の縫製工場が入っていたビルが、ずさんな建築によって倒壊し、少なくとも64人の命が失われ約80人が重軽傷を負った。2012年11月には、タズリーン（Tazreen）社の縫製工場で火事が発生、117名が亡くなった。この事件では、ビルの防火体制が皆無だったほか、火災発生が確認されたにもかかわらず、マネジメントが従業員に対して迅速な避難を指揮するどころか、現場にとどまるよう指示を出したことにより犠牲者の数が膨らんだという、受け入れがたい実態が明らかになった。さらに2013年1月、ダッカのモハンマドプール地区にあるマンションで火災が発生。そのビルは一般住居用として登録されていたにもかかわらず、スマート・エクスポート・ガーメント社の縫製工場が違法に操業をしており、10人の女性従業員の命が失われた。

つまり、バングラデシュでは、過去何度も大きな人的被害を出した事故が起こってきた。しかも、そのほとんどが、ある程度の注意とコストを払えば死傷者を出さずに済んだものだった。にもかかわらず、不幸な事故が続いてきているのだ。なぜこうした人災が続くのだろうか？　これ以上の悲劇を繰り返さないためには、何が必要だろうか？

不買運動が問題解決につながるか？

「サバールの悲劇」はその人的被害の大きさもさることながら、悲劇の舞台となったラナ・プラザに入っていた5つの縫製工場が、カナダ、アメリカ、ヨーロッパのアパレル・ブランド向けの服を生産していたこともあり、海外でも大きく

報道されることとなった。報道の中には、一月 4000 タカ（約 4000 円）という工員の給与や、週 6 日、一日 12 〜 14 時間労働という勤務時間にもスポット・ライトを当て、「奴隷労働を強いている」、「安い洋服を買い求める先進国の消費者も、間接的に悲劇の発生や労働者の苦境に加担している」、「労働者の人権を蔑ろにしているバングラデシュからの洋服の輸入は控えるべきだ」といった主張を展開するものもあった。実際、ウォルト・ディズニーは上で紹介したタズリーン社の縫製工場における火災を機に、バングラデシュでの委託生産の打ち切りに踏み切った。さらに、ラナ・プラザの倒壊事故を受け、バングラデシュの主要輸出先である米国の議会では、一般特恵関税制度（GSP：Generalized System of Preferences）という、開発途上国から輸入される一定の農水産品や鉱工業産品に対して一般の関税率よりも低い税率（特恵税率）を適用する制度について、バングラデシュを対象から外すといった、経済制裁に近い決議まで採択されてしまった。

　サバールの悲劇は、許しがたい人災であり、同じような事件が繰り返されてきたことは事実だ。しかし、バングラデシュ産の製品の不買運動や、貿易上の制裁が、悲劇の再発防止に果たしてどのくらい貢献するのだろうか？　事件は、強欲な経営者やグローバル企業が、か弱い労働者を搾取しているから起こったのだろうか？　だから彼らに罰を与えることが、問題を解決する上で必要なのだろうか？
　ここで、事件の背景をもう少し深く、そして広い側面から光を当ててみたい。

人災の裏の構造的問題

　倒壊した 8 階建てのラナ・プラザ・ビルには、さまざまな問題があったことが指摘されている。本来 4 階建てで設計されていたにもかかわらず、当局に届出をしないまま 5 階以上の上層階が付け足されていたこと。かつて沼地だった場所に「おが屑」を敷き詰めただけの地盤に建てられていたこと。もともとショッピング・モールやオフィスとして使うことが想定されていたため、大型のジェネレーターや多数のミ

シンが一度に稼動することで発生する振動に耐えられるような設計になっていなかったことなどだ。

　これだけを読むと、「ビルのオーナーや、そこで経営をしていた縫製工場の経営陣は実に酷いヤツだ」という結論に飛びつきたくなるが、実は、そして大変残念なことに、バングラデシュに住んでいれば誰しも、こうした信じられないほど杜撰な設計・建築が決して珍しいものではなく、国内の多くのビルが、多かれ少なかれ、日常的な使用のなかで倒壊するリスクを含んでいることを知っている。なぜなら、「ビルの上にビルが建つ」風景や、路上で雨風に晒されてさび付いた鉄骨がそのまま建築に使われている状況を日常的に目にしているし、解体した廃船から得たくず鉄がビルの建築に再利用されているといった話を聞いているからだ。また、建築業者の中には、セメントに砂を混ぜる、柱を設計よりも細くするといった方法で「経費を削減」している悪質な者もおり、こうした業者が取り締まられることもなく堂々と営業を続けていることも、周知の事実なのだ。

　一方で、バングラデシュには1993年に当時の国際的な基準に準拠する形で作られ、2006年にJICAの協力も得ながら改定された建築基準（Bangladesh National Building Code）がある。また、この建築基準を満たす設計やデザインをするために必要な専門知識を有するエンジニア（建築士）も存在する。
　問題は、建築基準を実行するための体制——たとえば十分な数の検査官の採用と彼らへの継続的な研修実施、検査官による定期的なモニタリングと違反が発見された場合の罰則の執行——が整っていないため、せっかくの規制が「絵に描いた餅」になっていることだ。
　たとえば、首都圏の建築基準の遵守状況をモニターする権限はRAJUK（首都開発公社）が持っているが、その主たる業務は、都市計画づくりとそれに基づくニュータウンや立体交差の建築推進であり、約1200人いる職員の大半はそちらの「メインストリーム」の仕事に従事している。その結果、既にできあがったダッカ市内にある約8000もの建物の建築

基準をチェックする「地味な」仕事を担当する検査官の数は、わずか40人。ラナ・プラザの事件を受けてRAJUKは検査官の数を240人へと6倍に増やす計画を発表したが[3]、無秩序な建設ラッシュに沸く人口1500万人のメガ・シティ、ダッカに存在する無数の建物に対応するには多勢に無勢。これでは、「建築基準法」や「労働法」が改正されたところで、それが「絵に描いた餅」であるのは明らかだ。

[3] 2013年7月2日付 The New York Times "After Disaster, Bangladesh Lags in Policing Its Maze of Factories"

　そもそも、RAJUKはその名（首都開発公社）が表す通り、都市化を推進する特殊法人だ。しかし、建設許可書の発行や、建築基準の遵守状況の確認は、その性質上、いわば都市化の暴走を止める性質を帯びる。つまり、都市化の推進というアジェンダにおいて、アクセルとブレーキの両方の機能をRAJUKが持っているのだ。バングラデシュ政府の高官がメディアなどで「RAJUKは予算が足りない、人員が足りない」としばしば主張していたが、このような組織では、仮に予算や人員が充当されたとしても、日の当たらない仕事であるブレーキの強化に使われるかは疑問だ。

　これに加え、関連省庁・特殊法人・自治体間の権限の錯綜・重複の問題がある。たとえば、首都圏の建築基準や労働基準の遵守状況のモニタリングの一部は、南北ダッカ市も担っている。また、関連の法律や規制を策定する労働省やジュート・縫製業担当省、防災管理省などの中央省庁も複数存在し、どの役所がどんな権限で、どこまでの責任を負うのか、はっきりしない。

　安全検査に関しても、RAJUKが業界団体と手を組んで検査を実施する一方で、中央省庁側も有識者を招いた「検査パネル」を立ち上げ、大臣自ら陣頭指揮を執って検査を実施するなど、重複が発生している。これでは、対応する業者側の負担が増える一方で、悪質業者に対する工場の営業停止や危険なビルの取り壊しも含む検査後のフォローアップはいったい誰がやるのか、検査の実効性には疑問符がつかざるを得ない。建築士についても、公的な資格制度が整備されていないために、権限がはっきりせず、専門家としての彼らの指摘が、実際の建築の過程で考慮されにくい状況となっている。

建築途中のダッカ市内の建物

　このように、サバールの悲劇の背景には、建築基準、労働基準、そして火災予防基準といった関連規制の執行が著しく弱い、という多くの途上国に共通する構造問題がある。柱に大きなヒビが入っているにもかかわらず、スタッフに勤務を命じた管理職やオーナーは無論、法の裁きを受けるべきだが、それだけではビルの倒壊リスクや火災発生のリスクはなくならない。ましてや、海外のバイヤーが撤退しても、問題は解決するどころか、単に工場の仕事が少なくなって、そこで働く女性従業員らの給料が下がる、あるいは彼女らが失業する、という結果になるだけではないだろうか。

対策は次々に取られるが……

　事件発生以降、バングラデシュ政府、および業界団体であるバングラデシュ衣類・ニットウェア製造輸出協会（Bangladesh Garment/Knitwear Manufacturers and Exporters Association：BGMEA, BKMEA）は、矢継ぎ早に再発防止策を打ち出した。まず、労使と政府代表で構成される「最低賃金委員会」が、2010年に1ヶ月2400タカから3000タカに引き上げた最低賃金を再度上方修正する方向で議論を開始。また、政府は、労働組合結成の促進策や、火災予防や建物の安全、従業員の健康確保に関する雇用者側の義務を盛り込んだ労働法改正案を事件直後の国会に提出、法案

は7月15日に可決・成立した。さらにRAJUKは、バングラデシュ工科大学、および業界団体の協力を得ながら、ダッカ市内および近郊の縫製工場への立ち入り検査を実施、建物に欠陥の見られる工場に閉鎖を命じている。この検査の実効性を高めるため、業界団体は、調査に協力しない工場に対して、ミシン等の輸入に当たって税制上の優遇措置を得るために必要な証明書の発行停止等の措置に踏み切った。

　しかし、一連の対策が、悲劇の再発を防ぐに十分で、かつ持続的なものなのか問われると、疑問を持たざるを得ない。既に述べた通り、バングラデシュには「法律」や「基準」は既にそれなり整っている。繰り返される悲劇の背景には、政府による規制の「執行力」の弱さがあり、それは一朝一夕に改善する性質のものではないからだ。悲惨な事件が起こった直後は、内外のメディアや欧米のバイヤー、そして市民社会が、バングラデシュの工場の杜撰な管理実態に対して厳しい目を注いでいるから、政府も業界も必死になって検査や法改正に取り組む。でも、複数の組織間で縦横にこんがらがった権限、ミッションのはっきりしない監督庁、少ない予算と人員といった問題が改善しなければ、こうした取り組みはすぐに息切れしてしまうだろう。

　そして、嵐が過ぎれば、もとの木阿弥。行政も、業界団体も、バングラデシュのサプライヤーも、国外のバイヤーも、今までどおり、納期、価格、輸出額、GDPといった目の前の数字に振り回されて、従業員の安全確保は後回しにされていく。こうしたことが続いてきたから、この国では「最悪の事故」における死傷者の数字が、数年おきに更新されてきたのだ。

「サバールの悲劇」の本質的な原因は、関連規制を執行する行政の足腰の弱さにある。だが、悩ましいのは、これを持続的に改善するには息の長い取り組みが必要であり、また、それを持続させるためのインセンティブの設計が、今の世の中の仕組みを前提にすると難しいということだ。

　たとえば、劣悪な労働環境とそれに伴い発生する事故の割を食うことになる個々の労働者は、声は小さく、資金力もなく、

組織化されておらず、したがって現状の民主主義の仕組みの中で、彼らの利害が継続的に政策形成プロセスにインプットされることは少ない。この点、上記RAJUKの「アクセルとブレーキ」に照らして考えると、アクセル全開で都市開発を進めるための声は、建設業者、不動産屋、富裕層、外国人投資家などからいくらでも上がってくるだろう。しかし、安全検査を粛々と進めるために政府に対して予算や人員を継続的に要求する声、行け行けドンドンの開発にブレーキをかける声はいったいどこから上がってくるだろうか？　また、事故や事件がもたらすコストは「万が一」であるがゆえに、日々の経済取引が突きつける「納期」「価格」「給与」「売り上げ」「経費」、あるいはその集合体であるところの「輸出額」、「外貨準備」、「GDP」という具体的な数字の前には力を失ってしまうのではないか。

　では、「サバールの悲劇」のような人災をこれ以上繰り返さないようにするための、実効性があり、長続きし、そして現実的な解決策は、どうしたら実現できるだろう？　バングラデシュでは「サバールの悲劇」を機に、こうした困難な現状を打破するための「新たな社会契約」が、(海外の) バイヤー、(バングラデシュの) サプライヤー、業界団体、労働者、ILO (国際労働機関) 等の国際機関といった、バングラデシュの縫製業にかかわるさまざまな利害関係者 (ステークホルダー) の間で立ち上がりつつある。

広がるイニシアティブ

「バングラデシュの防火および建物の安全に関する協定 (Accord on Fire and Building Safety in Bangladesh)[4]」

　安全な労働環境を民間のイニシアティブで着実に定着させるべく、インダストリオール (Industriall)、国際労働者の権利フォーラム (International Labor Rights Forum) といった国際NGOが数年前に立ち上げたこのイニシアティブは、当初は見向きもされなかったものの、2012年11月に117名の犠牲者を出したタズリーン社の工場火災、そして2013年4月の「サバールの悲劇」を契機に勢いを増し、ヨーロッパ

[4] International Labor Rights Forum "Visual Explanation of Bangladesh Safety Accord"

を中心とするアパレル大手（バイヤー）が次々と参画している。以下、その特徴を5つに分けて紹介したい。

① **バイヤーの費用負担による工場の安全確保に向けた長期的な取り組み**

協定に署名したバイヤーは、バングラデシュにおける取引先である縫製工場の、防火体制と建物の安全性向上を目的とする5年間のプログラムに参加する。

プログラムは、(1) 独立した検査官による取引先縫製工場の安全性チェック、(2) 必要な是正措置の勧告とその実施状況のモニタリング、(3) 専門知識を持つコーディネーターによる工場従業員と管理職への火災訓練や研修の提供、の3つで成り立っており、協定に参加するバイヤーは、検査官やコーディネーターの雇用コスト等、プログラム実施に必要な資金として、年間最大で50万ドル（約5000万円）の拠出を約束する。

② **積極的な情報開示**

バイヤーは、バングラデシュにおいて取引のある縫製工場の名前（下請け、孫受けを含む）をすべて公表することを義務付けられる。

その上で、安全検査の結果と、それを踏まえて工場側がつくる改善計画も、検査終了後遅くとも半年以内に公表される。検査官は、工場側が改善計画に即してタイムリーに改善措置をとらない場合、その名前を公表できる。これらは必要な改善が確実に実施されるよう、積極的な情報開示により生まれる世論の圧力を活用する仕掛けだ。そして、こうしたプロセスを経てもなお、改善計画が実行に移されない場合、バイヤーは工場に対して、取引停止を通告することになる。

③ **工場側の負担に配慮した価格交渉の要請**

上記検査や情報開示などを通じて、相当なプレッシャーが工場側にかかることになる。しかし、バイヤー側が工場側に対して、職場環境の改善実施に向けたプレッシャーをかけながら、同時に、単価の引き下げや納期遵守を今まで通り要求していたのでは、余りにも一方的だ。この点、特質すべきは、

本協定が、工場側が必要な安全対策を実施しつつ利益を出せる形で、単価などの交渉に当たるようバイヤー側に義務付けていることだ。

④ ステークホルダーの声が平等に反映される意思決定メカニズム

プログラム実施に当たっては、その具体的内容、予算・決算、検査官やコーディネーターの採用等について責任を持つ、運営委員会（Steering Committee）を立ち上げることとされており、そのメンバーは、バイヤー側、労働者代表からそれぞれ3名、そして、ILO（国際労働機関）が指名する中立的な議長1名で構成される。プログラム実施にかかる意思決定が、労働者側、バイヤー側のいずれにも過度に偏らないようにするための工夫だろう。

⑤ 法的拘束力

参加する国外のバイヤーと、労働者側でプログラムの意思決定や実施に当たって見解の不一致があった場合、最終的に裁判所の裁定を仰ぐこととされている。つまり、これは単なる紳士協定ではなく、通常の商取引における契約同様、法的拘束力を持つ文書なのだ。

「サバールの悲劇」発生以降、「バングラデシュの防火および建物の安全に関する協定」に参加する海外のバイヤーは、ヨーロッパの大手アパレル・メーカー、小売店を中心に増え続け、事件発生から2ヶ月で、署名済みのバイヤーは50社を数えた。具体的には、"Fast fashion" のキャッチフレーズで知られる世界第2のアパレル・メーカー H&M（スウェーデン）、H&M に告ぐ世界第3位の売り上げを誇るスペインのアパレル・メーカーで日本でもお馴染みの ZARA を傘下に持つインディテックス（Inditex）、米国に拠点を置く世界最大のシャツ・メーカーで、トミーヒルフィガー（Tommy Hilfiger）、カルバン・クライン（Calvin Klein）等の超有名ブランドとのライセンス契約を持つ PVH（Phillips-Van Heusen Corp）など、そうそうたる顔ぶれだ。欧米勢に続きアジア最大のアパレル小売・メーカであるユニクロも8月に入り

協定参加への署名を済ませたと発表した。

　こうした形で、主要バイヤーがそろって協定に参加すれば、検査方法の標準化、重複検査の排除等を通じて、バイヤー側、工場側双方の負担軽減につながるほか、工場の安全確保に関する関係者共通の理解やスタンダードが作られやすい。また、上記協定の最大の梃子は、参画するステークホルダー同士で、約束事を確実に実施しようという「ピア・プレッシャー（仲間内からのプレッシャー）」が継続的にかかることだ。

労働者たちも変わり始めた

　悲惨な労働災害の再発を防ぐための、実効性があり、長続きし、そして現実的なもうひとつの解決策は、バングラデシュの労働者側の意識改革だ。つまり、彼ら一人ひとりが、職場の安全性に対する意識や、自らを守ってくれる法律上の権利などについての知識を深め、建設的な方法で、経営者や現場監督官と関与していくすべを学んでいけば、この構造問題を解決する力となることができる。工場の外でデモをしたり、工場に石や火炎瓶を投げつけるだけでは、問題は一切解決せず、せっかくの職場を失ってしまうだけだ。

　この点、ドイツ政府の援助機関であるGIZ（Deutshce Gesellscheaft fur Internationale Zusammmenarbeit）がバングラデシュのNGOと連携して実施しているウィメン・カフェ（Women Café）の取り組みは興味深い。ダッカおよび第2の都市チッタゴンで計41箇所設けられているウィメン・カフェは、縫製工場で働く女性たちの学びと交流の場だ。ここでは、各工場の女性従業員のリーダー格の女性が、最低賃金、残業代の支払い、産休の確保、病欠の際の給与支払い等、バングラデシュの労働法が定める労働者の権利などについて、コーチ役のNGOの職員から学ぶ。リーダーは知識を得た上で、今度は同僚をカフェに招き、学んだことを共有していく。

　僕が訪れたダッカ市北部のミルプール地区にあるウィメン・カフェでは、工場の仕事を終えた女性たちが、家に帰る

途中にカフェに立ち寄り、すごろくのようなゲームをしながら、一日の疲れを癒しあっていた。人数は 20 人くらいだっただろうか。みな別々の工場で仕事をしている女性たちで、カフェにはほぼ毎日通っているという。集まっていた女性の一人は、ウィメン・カフェでの学びを、実際に工場の現場で活かそうとした経験について、こんな風に語ってくれた。

「あるとき、工場のライン・マネージャーが、一日のノルマとして 300 着の製造を課したことがありました。どんなにがんばっても、一日で仕上げることのできる量は 150 着がせいぜい。ノルマを達成するには、全員が倍の時間働かなければならない。でも、残業代は出ないと言われたのです。私は、労働法には、残業代の支払いについて雇用者に義務付ける規定がある旨、マネージャーに伝えました。すると、マネージャーも困った顔をして『僕は上に言われたことを、伝えなきゃならないんだ。僕の判断で、生産量を減らすことはできないし、予算を変える権限もない』って言うじゃありませんか。そこでシャツ部門の部門長に二人で話をしにいきました。そうすると、部門長も同じような返事。工場長に会って話さなければならないと。結局、私たちのためにウィメン・カフェを運営してくれている NGO の弁護士とともに、工場長と会って話をした結果、残業代の支払いとノルマの軽減が実現しました」

「もし、このプロセスがなければ、私たちは、ライン・マネージャーを恨むだけだったでしょう。でも今は、彼も、私たちと同じような立場にあるということを知っています」

2007 年のウィメン・カフェの立ち上げ以来、日々の学びと交流、そして現場での実践を通じて、約 20 万人を超える女性たちが、法が定める自らの権利についての理解を深め、それを使って建設的に経営者やマネージャーと関与する機会を得てきた[5]。

バングラデシュでは、うまくいかないこと、気に入らないことがあると、路上への座り込みやデモ、あるいは投石や放火といった非生産的な方法に訴えることが常套手段となっている。これにより、ただでさえ劣悪な都心の交通が完全に

[5] GIZ (Deutsche Gesellschaft fuer Internationale Zusammenarbeit) Women Café Case studay

麻痺したり、一般市民や外国人が巻き添えになって怪我をしたりする事件が起こる。そして、こうしたシーンが国外にも報道され、バングラデシュのイメージを不必要に悪化させている。これでは、みんなそろって損をするばかりで、何の利益も生み出されない。ウィメン・カフェに通う女性従業員たちのように、目の前の困難の背景にある構造問題を対話により見極め、それを学習と協働により解決していく市民が増えていけば、バングラデシュのこうした風潮は変わっていくだろう。

ステークホルダーの一員として

　本章で紹介した通り、バングラデシュには、労働者の権利や職場の安全確保などについて、世銀、ILO、国連、JICA等の海外の知的インプットも得ながら作られた法律が既にかなりの程度整備されている。しかし、法律を作るだけでは世の中は変わらない。これらが守られるよう、第一に法律を執行する政府の足腰の強化が、第二に法律を守るべき工場経営者の順法意識の向上が不可欠だ。ただ、これだけでも足りない。問題の持続的な解決には、バングラデシュのアパレル産業に関与する内外のさまざまなステークホルダーがそれぞれの立場でできること、すべきことを見極め、実行していかなければならない。

　たとえば、その取引を通じて工場側に対して大きな影響を持つ国外のアパレル企業。本章で紹介した「バングラデシュの防火および建物の安全に関する協定」の発足は、「安全な労働環境の実現」という社会課題に、ステーク・ホルダーのひとつである国外企業が、既存の法律や契約の要請を超えて、主体的に関与する一例だ。背景にあるモチベーションはCSR（Corporate Social Responsibility：企業の社会的責任）ということだろう。日本でもCSRの重要性が叫ばれて久しく、その一環として環境問題や貧困問題に取り組むNGOへの寄付や地域社会への貢献などに取り組んでいる企業も多い。それはそれで結構なことだが、「責任」とは「権限」と表裏一体の言葉であることを踏まえれば、自らの権限が直接及ぶ範

縫製工場で働く少年

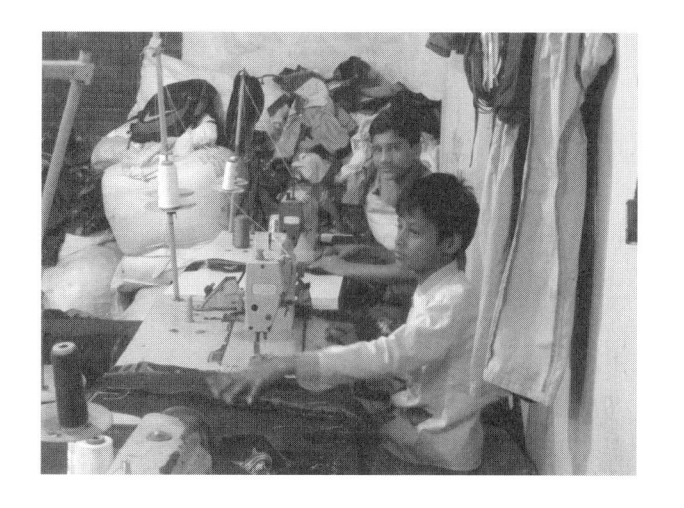

囲、たとえば取引先や委託先が、法令順守などの最低限の責任を継続的に果たすようなインセンティブを与えるために人、時間、金を割くことこそ、まず優先されるべき CSR ではないだろうか。

　そして縫製工場の従業員。彼らは、いわば法律の利用者だ。政府による規制の徹底や海外企業による CSR も大切だが、法律の利用者であるところの市民や労働者が、自らの権利をしっかり理解し、建設的な方法で表明するための学習を続けなければ、規制や法律はその効果を十分に発揮し得ないだろう。何といってもバングラデシュは日本と同様、民主主義社会、法治国家なのだから。

　最後に、バングラデシュの縫製工場やそこで働く女性従業員と、海外のバイヤーを通じて間接的につながっている日本をはじめとする、先進国の消費者、つまり僕たち一人ひとりは何ができるだろうか？

　ここで視点を少し広げてみると、ジーンズや T シャツに限らず、日本での僕らの生活は、バングラデシュを含む途上国に大きく依存している。たとえば日本で消費されるコーヒーの 99％以上が、エビの 4 割近くが途上国から輸入されたものだ[6]。遠く離れた途上国の農家や養殖場で働く人々と僕たち

6　JICA「日本・途上国相互依存度調査（2009 年 9 月）」

chapter 8　働く人たちを守る仕組みをどうつくるか　157

が直接出会うことはたぶんないし、またお互いの言葉を解することも難しいだろう。でも、日々僕らが口に入れる食料や、袖を通す服は、そんな彼、彼女の日々の労働によって作られたものだ。そして僕らがそうしたモノと引き換えに支払うお金は、回りまわって、海の向こうの彼・彼女の生活の糧となっている。僕たちはそんな世界に生きている。相互依存という名の見えない絆が張りめぐらされたグローバルな世界に。

　そのような世界で、バングラデシュの人々が作った質のよい服を安く購入している僕らは、「働きやすく安全な職場の確保」という万国共通の課題と向き合う（あるいは、向き合おうとしない）企業の姿勢を消費者として注視し、購買という名の投票行動で、それを後押し、あるいは、けん制していくことができるのではないだろうか。労働者の命という、計り知れないコストと引き換えに、先進国の消費者が低価格の服に袖を通すという重すぎる現実を、少しでも変えていく力になるために。

chapter

9

市民の力を
国づくりに活かすには

How can we improve the quality of public services with citizens' participation?

[市民参加]

世界銀行が追求すべき「成果」とは何か？

「世銀のバングラデシュ・チームに"成果重視"のカルチャーを定着させる力になってほしい」

2011年3月に初めてバングラデシュ事務所を訪問した際に、責任者であるカントリー・ディレクターから与えられたのは、こんなミッションだった。

世銀のバングラデシュ事務所は、ダッカ市内で国会議事堂に近いアガルガオンという地区にある4階建ての立派な建物で、正規職員約120名、短期契約のコンサルタント約100名と、200名以上が働いている。世界200カ所以上に展開する世銀の現地事務所の中でも大所帯だ。また、世銀の本部がある米国ワシントンD.C.やバックオフィス機能が集中しているインドのチェンナイ・オフィスでも、大勢の同僚たちがバングラデシュ向けのプロジェクトの仕込み、実施、評価や、予算、貸付ポートフォリオ、人事、そしてITシステムの管理といった仕事に取り組んでいる。

世銀はバングラデシュの独立直後から、政府に対する無利子で長期の融資や技術指導を通じて支援を続け、2013年6月現在で、50本のプロジェクトを実施中だ。その総額は46億ドル（約4600億円）で、現在バングラデシュで活動している開発機関のうち最大の規模となっている。また、プロジェクトの内容は、本書でこれまで紹介してきた再生エネルギー（第2章）、初等教育（第4章）、女性のスキルアップと雇用創出（第6章）をはじめ、道路、上下水道、サイクロン・シェルターや護岸壁といった目に見えるインフラづくりから、財政制度の改善、地方行政の強化、企業誘致のための経済特区の導入支援など、目に見えない制度の整備や政府の足腰の強化まで多岐にわたっている。

そして、そうした世銀のプロジェクトに直接・間接に貢献している上記スタッフの特徴を一言で言えば、「多様性」という表現がぴったりだろう。なにしろ、国籍や性別、年齢が多様であるだけでなく、分野がまるで異なる専門家で成り立

世界銀行ダッカ事務所

　つ集団なのだ。メンバーの専門領域は、教育、保健、農業、気候変動、電力、マクロ経済、防災、投資環境整備、行政改革といった縦割りの分野から、法務、調達、資金管理、環境アセスメントなどすべてのプロジェクトに必要な横断的なテーマまで、実に多様。「世銀のバングラデシュ・チーム」とは、そのような集団だ。では、カントリー・ディレクターのメッセージを踏まえると、彼らは、「成果を重視しない」人たちなのだろうか？

　それは、各々が「成果」をどのように定義しているかによる。この点、多くのスタッフを駆り立て、その脳内を占めている「成果」とは、世銀の意思決定機関である「理事会」から担当プロジェクトについてゴー・サインを得ることだったり、承認後にプロジェクトに割り当てられた貸付資金が順調に捌けていくことだったりする。実際に、資金が予定通り出て行っていないと、経営陣から、是正に向けた強力なプッシュがかかり、数字が改善されなければプロジェクトの縮小や停止に追い込まれかねない。また、世銀のプロジェクトは、基本的にすべて、資金を貸し付けた相手である政府を通じて（政府の職員によって）実施されるものであり、世銀の職員はその仕込みと実施をお手伝いする立場にある。いきおい「成果」を届けるべき相手は政府、たとえばバングラデシュ政府の官僚と捉えられがちだ。

しかし、本当にそれでいいのだろうか？　真に追求すべき「成果」とは、世銀内部の手続きをクリアすることや、貸付資金がはけることではなく、実際に現場で生まれる変化、たとえば、子供が予防接種を受けられるようになる、雨季に水没していた道が整備されて人々の生活が便利になる、あるいは煩雑な税関手続きが合理化されてこの国がよりビジネスをしやすい環境になる、といったことではないか。そして、世銀のスタッフにとって、借り手国政府の職員はこうした成果を実現するための「パートナー」であり、成果を届けるべき真の「顧客（クライアント）」は、現場の一人ひとりの市民ではないだろうか？

　これが、カントリー・ディレクターの問題意識だった。そして、そうした意識改革をもたらすための手段として僕が立ち上げと実施を担ったのが、草の根のNGOとのパートナーシップを通じた、市民による世銀プロジェクトのモニタリング、すなわち「第三者モニタリング・プログラム」だった。

議論する村の人々

　ダッカから約40キロほど東に位置する地方都市ノルシンディ。市街地に入った後、よく整備された幹線道路に別れを告げて小道に入り、青々と広がる田園を横目で見ながら進むこと約45分。相変わらずの渋滞のおかげで3時間超のドライブの末たどり着いた目的地、ジャイナガール・バザールでは、村人たちが集まって議論をしながら、何かを地面に描いている。青や赤色のパウダーで地面に引かれた長い線。その脇にさまざまな形や色の紙片が並べられる。

「学校はここだな」
「違うわ。学校は河を越えたここの辺りよ」
「ここがアムラボの市場」
「大きなバナナの木があるところだな。では、この枝を目印に指しておこう」

　オレンジ色の紙片は雑貨屋、ブルーはモスク、緑は学校、と区別されているようだ。そして中心に引かれた青色の線は、

地面に描かれた地図を下にプロジェクトの成功や課題について議論をする「ソーシャル・マッピング」に参加する村人たち

村の人々が日常生活や仕事で使う地方道。人々は、描いた道に沿ってモスクや診療所、学校、河などを並べ、地図のようなものを作っているようだ。しかし、いったい何のために？

その答えは、その後に続く村人たちの議論で明らかになる。

「隣村の市場のほうが町に近いので、安い品が多く手に入る。この道路が舗装されたおかげで、そこまでリキシャで買い物に行きやすくなった」

「確かにそうだけれど、このバザールとモスクの間は道幅がやけに狭いから、交通事故がしょっちゅう起こっている。この前も俺の弟が大怪我をした」

「ここに橋が架かっていると言うけれど、この前の雨季で壊れたまま修理ができていないわ。このまま放っておくと、今年の雨季には子供たちが学校に通えなくなってしまう」

そう、人々は地面に描いた地図を使って、田舎道とその周辺について、利点や課題を議論しているのだ。地図を描くのに必要な色の付いた粉、付箋のような紙片等は、全住民サービス訓練センター（Population Services and Training Center：PSTC）という地元のNGOの担当者が持ち込んだものだ。村人同士の議論の司会・進行を担当するのも、PSTCのスタッフだ。彼らは、議論が男性中心になりかかると、遠慮がちな女性たちを輪の中に引き入れて、議論に女性や若者の意見が反映されるように工夫していく。村人たちの議論をメモにとり、地面に描かれた地図を持ち込んだ模造紙に綺麗に書き直すのも彼らの仕事だ。

chapter 9　市民の力を国づくりに活かすには　163

午後になると、PSTCの職員は、あらかじめ用意しておいた質問表を使ったアンケート調査を始めるために、村の家々を回りはじめた。訪問先は、先ほど議論の対象となった田舎道を日々使っている主婦、リキシャ引き、そして農家など。質問内容は、各々の家族構成や収入等から始まり、家から道路までの距離、道路の主な用途、道路整備の前後を比較して、学校・病院・市場などへの時間がどの程度短縮されたか、そして、道路整備に当たって私有地を提供したか、その場合は政府から所定の補償金を受け取っているかなど。これらがヒアリングされ、結果が調査票にまとめられていく。
　こうした議論やアンケートの対象となっている田舎道。実は、世銀の資金を用いて、バングラデシュ政府が実施しているプロジェクトで整備されたものだ。NGOの担当者が聞き出す村人たちの声と情報はレポートとしてまとめられ、バングラデシュ政府のプロジェクト担当ユニット、および世銀のタスク・チームに届けられる。プロジェクトの軌道修正、実施体制の改善や新たなプランニングに役立てるために。

　そして上記のシーンは、世銀バングラデシュ事務所にとって初めての試みである「第三者モニタリング・プログラム」が実施されている現場の様子なのだ。世銀の資金を活用した政府のプロジェクトが、その目指す成果、つまり「人々が、ガタガタで細い田舎道ではなく、舗装された安全な道を利用できるようになる」という変化を生み出せるよう、現地のNGOと協働しながら、エンド・ユーザーの視点と情報をつぶさに把握していくこの作業。地面に描いた地図をもとに、まとまった人数で議論をしてプロジェクトの成果や課題を洗い出す「ソーシャル・マッピング」や、そうした場への参加が時間的あるいは立場的に難しい人々の声を個別に拾い上げる「市民レポートカード」等、現場ではさまざまなツールが用いられる。

　「第三者モニタリング」が「成果重視のカルチャー」の定着に向けた強力な武器として着目されたのには、いくつかの理由がある。

各家庭を戸別訪問しプロジェクトの成果や課題を確認する「市民レポートカード」に取り組むNGOの職員と村の女性

①得られる情報がサービスの提供側ではなく受け手の視点であること
②情報を収集し編集する主体がモニタリングの対象となるプロジェクトを実施する世銀でも政府でもない、独立した第三者たるNGOであること
③現在進行中のプロジェクトに対して実施できること
④一連のプロセスが、サービスの受け手である住民、実施主体である政府と世銀、およびその間をつなぐNGOにとって、大いなる学びの機会となり得ること

では、「第三者モニタリング・プログラム」を適用しない、従来のケースでは、世銀のスタッフはどのように実施中のプロジェクトの進捗状況や成果を把握しているのだろうか。

通常、世銀の職員は、半年に1回程度、政府側のカウンターパートとともに担当プロジェクトの現場を訪問し、プロジェクトの進捗状況や課題を議論する。そうして合意された改善点を「覚書」として政府と共有するとともに、内部用に「実施状況・成果報告書」をまとめる。その半年後には、「覚書」に記された事柄がしっかり改善しているかを確認し、新しい問題が発生していないかもチェックする。そしてプロジェクト完了後は、担当チームが得られた成果と教訓を「実施完了・成果報告書」としてまとめる一方、世銀の評価専門部隊である「独立評価局」が独自の視点で事後評価して報告書をつくる。なお一連のプロセスで作られたレポートは、基本的に世銀のウェブサイトを通じてすべて公表されている。

chapter 9　市民の力を国づくりに活かすには　165

このような体制はあるものの、これだけでは把握しきれない情報は数多くある。

たとえば、世銀のチームが政府の担当者とプロジェクトの現場を見て回る場合、往々にしてその現場は、いつもと違う状況にしつらえられている。何週間も前から訪問が現地に伝えられ、政府の現地オフィスも、プロジェクトの受益者も、「大掃除」をした上で「お客様」を迎えるのだ。これでは実態を正確に把握するのは難しい。滞在時間も限られるため、広いプロジェクトの現場をすべて回ることもできない。また自分が担当しているプロジェクトでは「良い報告をしたい」という動機が、政府側にも世銀側に生じてしまい、これにより報告内容が歪められてしまう可能性も否めない。

「第三者モニタリング・プログラム」は、既存のモニタリングが持つこうした問題点をカバーし、世銀内で「成果重視のカルチャー」をNGOと連携しながら強化するものなのだ。以下では、その実施の現場を、もう一つ訪れてみたい。場所は、ダッカから南へ約30キロに位置するムンシゴンジ県スリノゴル郡のある村だ。

開発現場の「不都合な真実」

不幸なことにバングラデシュでは、地中に天然の砒素が含まれている土地が多い。スリノゴル郡のこの村もそのひとつだ。体に入ると急性症状を引き起こし死に至らしめるほど毒性や濃度が強いものではないものの、汚染された水を長年飲み続けると、骨髄や神経の障害、皮膚の病変や癌に苦しめられることになる。

他の多くの開発機関同様、世銀もバングラデシュ政府とともに、長年この問題の解決に取り組んできた。具体的には、砒素が含まれる地層よりもさらに深くまで掘った井戸を人々がアクセスしやすい場所につくり、それを住民参加型で維持・管理するプロジェクトを通じて、安全な飲み水を人々の手に届けるお手伝いをしてきた。

バングラデシュの農村部で目にする典型的な井戸

　バングラデシュの田舎に行けば、鉄のレバーを上下させて水をくみ上げるスタイルの井戸をよく見かけるが、これらを少し注意してみると、赤か緑のラベルが貼られていることに気づく。赤色のものは浅井戸であるため、その水を食器洗いや手洗いに使うには問題ないが、お米を蒸すために使うのは危険、緑のラベルがついたものを使わなければならない。このラベリングは、砒素の問題が発覚してから政府や開発機関、NGO が取り組んできた仕事の成果だ。世銀のプロジェクトを通じて各地に作られている井戸にも、当然こうした区別をつけることになっている。また、プロジェクトの企画書を見ると、利用する皆がアクセスしやすい場所に井戸が作られるよう、近隣住民の話し合いによって場所を決めることになっているほか、井戸が壊れた際の修復費用を利用者皆が少しずつ出し合って貯めておく仕組み、つまり「住民参加型の管理組合」がつくられ活用されることになっている。

　政府の担当省庁から世銀に定期的に送られてくる実施報告書には、プロジェクトは、こうしたデザインどおり順調に進んでいると書かれている。添付資料を見れば、「住民管理組合」の名簿もあり、参加型の意思決定や維持管理システムが機能しているとされている。しかし、本当だろうか？

　書類に書かれている情報とフィールドの現実とを照らし合わせる「第三者モニタリング」を担当するのは、スラムや農

村地区の水や教育アクセスの改善に取り組んでいる資源統合センター（Resource Integration Center：RIC）というNGOだ。彼らは、先に紹介したノルシンディの道路プロジェクトでPSTCが実施したのと同じように、市民レポートカードやソーシャル・マッピングといったツールを活用しながら、その実態を確認していった。ムンシゴンジ県スリノゴル郡の村は、こうしたモニタリングを実施した場所のひとつなのだ。

　残念ながら、RICの担当者、ムイードさんから、村にある井戸を実際に一つ一つ回りながら聞いた報告は「不都合な真実」に満ちていた。たとえば、確かに新しい深井戸には緑のラベルが貼られているが、古い浅井戸に赤いラベルが付けられていないため、飲み水として使っていいのかどうかがはっきりしない井戸が目立つ。また、「参加型の住民管理組合」は形式的なもので、名簿に名前が載っている村人のほとんどが、管理組合の存在すら知らないという実態がある。さらに、「皆がアクセスしやすい場所に」設置されているはずの井戸が、地元の有力者のマンションの敷地内にあり、その家族や親類以外は、日中しか近づけないようになっている……。

「別に、その金持ちが悪者だ、などと言うつもりはありません。むしろ彼らは『地域のために良いことをしている』と思っているんです。なぜなら、井戸の利用者が少しずつお金を出し合って用意するはずの維持・補修費用は、全部その家族が負担しているんですから。彼らとしては、自腹を切って維持・補修をしている井戸を、無料でご近所さんにも『使わせてあげている』という意識なのです」
「プロジェクトのデザインとぜんぜん違うって？　そもそも、村の人たちは、さらに言えば、プロジェクトを実施する政府の現場レベルの職員ですら、プロジェクトのデザインがどうなっているかなんて、まったくと言っていいほど知りませんでしたよ！」

　利用者だけでなく、井戸を設置した業者や、一連のプロセスを監督し、中央に報告する立場にある現場の政府職員にまでアンケート調査をして回ったRICの担当者であるムイード

さんからの報告は、予想していたとはいえ、相当厳しいものだった。

　村を訪れたこの日は、プロジェクトの担当局長もダッカからやって来ていた。井戸を利用する住民、井戸の設置や維持補修のプロセスに責任を持つ現場の政府職員、そしてプロジェクト全体に責任を持つ政府の高官が一堂に集い、NGOのスタッフの司会・進行の下で問題点を共有し、改善に向けたステップを議論するための集会が、これから開かれるのだ。
　集会はいったいどのように展開していくのだろうか。非難の応酬や責任の押し付け合いといった、非生産的で感情的な議論になりはしないだろうか……集会場に集まった100人近い人々と、正面に設けられた「来賓席」で腕組みをして座っているプロジェクト担当局長の姿を、僕は不安な気持ちで見つめていた。

住民たちとの集会

　集会は、参加者に対するムイードさんからのお礼のメッセージで始まった。それに続く彼の発言は、僕の不安をある程度和らげてくれるものだった。彼は、集会の目標を参加者と共有するにあたって、建設的で前向きなトーンをセットしてくれたのだ。
「今日の会合は、プロジェクトの問題点を指摘しあうためのものではありません。既に多くの成功を収めてきたこのプロジェクトを、さらに良いものにしていくために、プロジェクトにさまざまな立場で関わる皆さんが、知恵や意見を出し合うための場なのです」
　ムイードさんはRICによる「第三者モニタリング」の結果を参加者と共有する際にも、先述の問題点ばかりを挙げるのではなく、このプロジェクトを通じてこれまで多くの井戸が作られてきたこと、それらによって人々の生活が実際に改善したことなど、モニタリングを通じて把握された前向きな変化についても、しっかり共有してくれた。

　それでも、プロジェクトが抱える課題を共有する段になる

と、住民側からは、「そももそ井戸の数がぜんぜん足りないのでもっと作ってほしい」、「井戸が壊れるのは業者が手抜き工事をしているからだ。政府がしっかり監督しろ」という要求ばかりが出る、対して政府職員側は他省庁やユニオン・評議会（いわゆる村議会）への責任転嫁に終始するなどして、集会の趣旨からずれた、かみ合わない議論がヒートアップすることもあった。そのたびにムイードさんは、集会の目的を繰り返すとともに、「安全な水へのアクセスを皆が手にする」という「成果」の実現のために、どうやったら住民が、自らの手で政府側の限りあるリソースを補うことができるだろうか？　といった建設的な問いかけを繰り返していく。

　2時間にわたる会合が終了した後、一息ついた政府のプロジェクト・ディレクターと、茶を飲みながら話す機会を持った。

「いやー。大変でしたね。本当に。いかがでしたか、今日の議論は？」
「住民の皆さんからの意見も大事ですが、私としては、末端の職員にプロジェクトの趣旨やデザインを周知徹底する機会を持つことができたのが大きいですね。世銀のスタッフと、相当な時間をかけて入念に仕込んだプロジェクトのデザインを、どうやって現場レベルにまでしっかり浸透させるかは、実際頭の痛い問題なんです。今日の議論を踏まえて、改めてオペレーション・マニュアルを全国レベルで周知しますが、紙で伝えてもあまり読まれないし、すぐ忘れられてしまうんですよ」

「そうですよね。現場の皆さんも、世銀の井戸のプロジェクトだけをやっているわけではないですからね……」
「その通り。井戸を設置するという仕事ひとつをとっても、ユニセフからお金が出たものもあればアジア開発銀行のプロジェクトで実施されているものもあり、それぞれアプローチや仕様が違うんです。これを全部把握してしっかり実施するのは、正直困難ですよ。何しろ人数は少ないし、井戸以外の仕事も多くあるわけですから。だからこそ、住民の皆さんもプロジェクトのデザインについて知り、井戸の維持管理がデザイン通りになされていない場合には、プレッシャーをかけ

てほしいんです。そうすれば、現場の担当者も思い出すし、その通りにプロジェクトを実施するモチベーションがわくでしょうから」

「住民が参加することがそれだけ強い力を持つとお考えなんですね」

「『井戸をもっと作ってくれ！』という要望は、予算の関係もあるので現場レベルで対応するのは難しいですが、『管理組合の議論がないままに、どうしてあの場所に井戸ができることになったんだ？』というインプットをもらえれば、こちらとしても、今あるリソースで効果的に対応することができる。それに、なんといっても、井戸の設置場所にものを言いたければ、皆さん、ちゃんと払うものは払ってもらわないと。そういう意味で、今日の会合は、『安全な水はただで手に入るものではないんだ』という意識を住民の皆さんに持ってもらえた、という意義もあったのではないかと思います」

現場と会議室をつなぐ

　以上、地方道路の整備と井戸の設置・維持補修という二つのプロジェクトに、どのようにして「第三者モニタリング・プログラム」が適用されるのかを見てきた。振り返れば、世銀の職員としてのバングラデシュでの僕の時間の多くは、「成果重視のカルチャー」を定着させるべく、パイロット・ベースではじめた「第三者モニタリング」の試みを少しずつ育てることに費やされた。

　その結果、多くの職員が「第三者モニタリング」という言葉すらよく理解していなかった2011年夏の状態から、2013年7月には計10本のプロジェクトについてNGOと連携した「第三者モニタリング」が実際に適用され、現場からの情報がダイレクトに世銀と政府の会議室にまで届く体制を作ることができた。

　本書で紹介してきた、ソーラー・ホーム・システムの設置（第2章）、小学校からの中途退学児童向けの学校の設置と運営（第4章）、そして農村の女性向け職業訓練と雇用機会の提供（第6章）には、いずれも「第三者モニタリング」

が適用されている。僕はその円滑な実施のためにダッカと現場との往復を繰り返し、関係者との対話を続けた。

　しかし、バングラデシュでは初めての取り組みであったことから、「第三者モニタリング」という名の、「現場と会議室を直接つなぐ仕組み」を創り、定着させていく過程では、いくつもの壁を越えなければならなかった。中でも高かった壁を3つあげれば、「意義の共有」、「多様なパートナーが協働できる体制づくり」、そして「NGOの能力強化」だろう。

第1の壁　意義の共有

　2011年10月初旬、僕は、ワシントンの本部から出張でやってきた同僚とともに、世銀バングラデシュ現地事務所1階にある、「メグナ・コンファレンス・ルーム」に陣取って、その日の午後に予定されていたミーティングの最終準備をしていた。ちなみに、「メグナ」とはバングラデシュの三大河川の名前であり、事務所の中でも一番大きいサイズのこの会議室は、200人近い全職員を集めるミーティングを開く際によく使われるものだ。

　ミーティングのテーマは、「第三者モニタリングの意義と活用」。同僚とともにプレゼンテーション資料の最終チェックを終え、あとは事務所のスタッフたちの集合を待つのみとなった。開始予定時刻まであと5分少々。広い会場はがらんとしたままだ。まぁ、いつもこんなものだ。皆、それぞれ担当のプロジェクトをまわすのに忙しく、会議が時間通りには始まらないことも多いのだから。

　しかし開始時刻を10分過ぎても、会議室の席はひとつも埋まらない。「ミーティング告知のメールは改めて直前に全職員宛に出したのですが……」。僕のアシスタントが落ち着かない様子で告げる声が会議室にこだまする。やがて、何人かの同僚が会議室の扉を開けて中をのぞくも、人がほとんどいないと気付くと、「ちょっとまた後で来るから」と言い残して去っていってしまう。開始予定時刻から20分を過ぎ、とうとう僕らもメグナ・コンファレンス・ルームを後にした。

寒々とした会議室は、事務所の同僚たちのほとんどが、「第三者モニタリング」を、時間を割くに値するテーマだとは考えていない、という冷徹な事実を物語っていた。

　数日後、僕は皆の前で発表予定だったプレゼンテーション資料を片手に、同僚たちのオフィスに「個別営業」をかけていた。ミーティングには人が集まらなかったため、今度は、本件に興味を持ってくれそうな各プロジェクトのリーダーに、個別に説明をして回って支持を取り付けていこう、というわけだ。ちなみに、大部屋に管理職以下の職員が机を並べる日本の多くの企業や役所とは異なり、世銀では一人ひとりが個室を持っている。こうしたオフィスのレイアウトも、世銀が「分野の異なる専門家が営業する"個人商店"の集まり」と表現されるゆえんの一つだ。

　各プロジェクトのチーム・リーダーは、皆笑顔でオフィスに迎え入れてくれるものの、僕が「あなたのプロジェクトに"第三者モニタリング"を適用することについて話をしたいんですが……」と切り出すと、厳しい表情で次々と質問を投げかけてくる。

「私のプロジェクトには既に強固なモニタリング・メカニズムが盛り込まれていることは、Yoichiroも知っているだろう？　これに加えて、『第三者モニタリング』をやる意味はどこにあるんだ？」

世界銀行のオフィスの様子

chapter 9　市民の力を国づくりに活かすには　173

「担当するNGOはどうやって選ぶんだ？　彼らが能力のある信用に足る組織だと、誰がどういう基準で判断するんだ？」
「予算はどこからいくら出るんだ？　実施期間はどうなっている？」
「モニタリングの結果はどうやって世銀や政府のチームと共有されるの？　結果は公表するつもり？」

　こうした技術的な質問に僕がすべて応え、相手がある程度「第三者モニタリング」の意義や内容について理解をしてもなお、答えがたい困難な問いがある。それは、「誰がどうやって政府側の了解を取る？」という懸念であり、その背景には「第三者モニタリングの目的はそもそも何か？」という疑問が見え隠れしていた。

　政府の中には、「第三者モニタリングとは、NGOが自分たちのプロジェクトの『あら探し』をする話だろう」との警戒感を抱いている人が多い。政府の高官が、もともとNGOに対して懐疑的な見方をする人物であれば、そうした警戒感はさらに強いものとなるだろう。こうした場合、世銀のタスク・チームとしても、厄介な話題を持ち込んで、政府との関係をこじらせたくない、という思いが働く。なにしろ、世銀のプロジェクトは基本的に政府を通して実施されるものであり、政府側との良好な関係がなければ、プロジェクトの円滑な実施はおぼつかないのだから。
　こうした懸念に対しては、第三者モニタリングとは現場レベルの成果について、エンド・ユーザーである住民・市民から直接声を聞いて確認し、プロジェクトの実施体制やデザインの改善に役立てるものであり、「NGOによるあら探し」ではなく、「会計監査や事後評価とも違うもの」であること、つまり「政府や世銀のタスク・チームを助けるためにやるもの」であることを辛抱強く説明しなければならなかった。「意義」に関するこうした理解を、世銀のタスク・チームのリーダーや、そのパートナーである政府高官だけでなく、モニタリングを担うNGOとも共有し、それぞれが自らの言葉でその意義を語れるようになるまで、対話を繰り返したのだ。

第2の壁　多様なパートナーが協働できる体制作り

　世銀のタスク・チーム、政府、NGOという関係者の間で、「第三者モニタリング」の目的や意義が共有され、その適用が合意された後も、情報共有や調整のための辛抱強い対話が求められる。「どのような指標をモニタリングの対象とするのか」、「どの地域をモニタリングするのか」、「モニタリングの結果は、いつまでに、どういう形式で、誰に対して報告するのか」、「仮に汚職の疑いが発見された場合、どのように処理するのか」といった事柄を、関係者の間で誤解のないように共有する必要があるのだ。それぞれの担当者が人事異動で交代すれば、当然、そのプロセスを一から繰り返す必要がある。

　また、モニタリングを担当するNGOの職員が、対象となる世銀のプロジェクトの内容を十分に理解できるよう、政府や世銀の担当者には、NGOの職員に対してプロジェクトに関する情報をタイムリーに共有してもらわねばならない。さらに、こうした合意事項が、政府の末端レベルまで共有される必要がある。そうでなければ、現場でNGOの職員がモニタリングを実施する際、政府の現地事務所の役人が、「誰に断ってそんな調査をしているんだ」と反発し、無用な不信感を生むことにもなりかねない。

　たとえば、ソーラー・ホーム・システムの販売・敷設のプロジェクトでは、消費者へのアンケート調査の実施を託されたNGOが、プロジェクトの実施主体であるグラミン・シャクティの現地オフィスに「第三者モニタリング実施のために、おたくがソーラー・ホーム・システムを販売した家庭のリストを共有してほしい」と要請したところ、「そんな話は聞いていない。顧客の情報は企業秘密だから、あなたたちのような（よく知らない）NGOに共有するわけにはいかない」とたびたび突っぱねられ両者の関係が悪化。結局、僕が5時間かけて現場に赴き間を取り持つことになった。

　このように、不十分なコミュニケーションで誤解が生まれないように、あるいは実際にいざこざが発生してしまったら

その解決のために、関係者の間を駆け回り、対話と情報の共有を促す「潤滑油」が必要だ。それが僕に課された地味だが大切な役割のひとつだったのだ。

第3の壁　NGOの能力強化

バングラデシュには無数のNGOが存在し、医療や教育、農業をはじめ多くの分野でサービスを展開していることは、本書でも繰り返し述べてきた。しかし、世銀の資金を活用した政府のプロジェクトを、市民の声を集めながらモニタリングする力を持っているNGOはそう多くはない。モニタリングの対象分野や、対象地域に対する豊かな経験に裏打ちされた知識だけでなく、市民レポートカードであれば、「誘導尋問」にならない質問項目を作成できるスキル、ソーシャル・マッピングであれば、うまく住民を巻き込んで議論を進行させる力、そして、集めた回答を効率的に正確にまとめる力など、多くの能力が求められる。

そして、選ばれたNGOに十分な能力があるという納得感を、政府や世銀のタスク・チームが持たなければ、彼らは、自分たちが手塩をかけて仕込み、実施しているプロジェクトへのNGOの介入を許さないだろう。

NGOの職員による司会・進行の下、モニタリンクの結果について話し合う村人たち。

ところが、「第三者モニタリング」を主導していた僕のチームにも、「バングラデシュの（たとえば）教育分野で、そして特定の地域で、市民参加型モニタリングを実施できるNGOはどれだろう？」という疑問に答えを出せるだけの知識がない。その点、「第三者モニタリング」プログラムで世銀のパートナーとなっているMJF（Manusher Jonno Foundation：ベンガル語で"人間のための基金"）は頼もしい役割を果たしてくれた。

　人権や政府の透明性強化の分野で活躍してきたMJFは、「第三者モニタリング」の効果的な実施に必要な二つの強みを持っている。一つはバングラデシュ国内に無数に存在する草の根NGOとのネットワーク、二つは市民参加型モニタリングの分野で培ってきた経験と知識だ。MJFの担当者は世銀側の担当である僕と議論をしながら「第三者モニタリング」のコンセプトの詰め、具体的な実施スケジュールづくり、そして実際に草の根でモニタリングを実施できると思われるNGOの選抜を担う。具体的には、「第三者モニタリング」の実施機関を募る新聞広告を地元主要紙に掲載、応募してきたNGOをふるいにかけて、僕たちのチームにコメントともに推薦を出すという具合だ。

　また、実施部隊となる草の根NGOの担当者をダッカに集め、「第三者モニタリング」の趣旨、目的の共有、ソーシャル・マッピングや市民レポート・カード、あるいはバングラデシュで2009年に導入された情報公開法等、モニタリングに活用できるツールに関する研修も行う。研修で必要となる教材や知識は、世界各地で実施されている市民参加型のモニタリングの事例を集積している世銀の研究所（World Bank Institute）が提供する。研修の場には、対象プロジェクトを担当している政府や世銀の職員も招かれ、NGOスタッフとの対話を通じてプロジェクトの内容やモニタリングをする際の留意点を共有していく。こうした研修やセミナーの積み重ねによって、NGOは「第三者モニタリング」の効果的な実施に必要なスキルや力を身につけていくのだ。

壁を乗り越えるために必要なもの

　以上が、バングラデシュの世銀現地オフィスで2011年の夏から始まった市民参加によるモニタリングの試行錯誤の様子だ。現在、世界銀行はこうした取り組みを各国でのプロジェクトに可能な限り広く適用する方向に動いている。具体的には、主要な経営指標のひとつとして、「世銀が実施するプロジェクトのうち、市民参加型のモニタリングが適用されているプロジェクトの割合」「モニタリングの結果を活用して内容を改善したプロジェクトの割合」の二つを盛り込み、スタッフにその割合の向上を促すとともに、株主たる各国政府に対して達成状況を説明している。
　「現場から遠い」との批判を受け続けてきた世銀。その弱みを克服する上で有効なツールを全社的に採用するという大きなシフトに、僕のバングラデシュでの取り組みが直接の貢献をしたわけではないが、現場レベルでの小さな成功事例と、多くの教訓の積み重ねが、こうした大きな転換につながっていくと考えている。

　また、こうしたプログラムに直接の担当として携わった経験は、僕が財務省職員として社会人のスタートを切った2001年の春に立ち上げ、以来10年以上にわたり代表として活動を続けてきた任意団体「官民協働ネットワーク・Crossover21」を通じて訴え続けてきたメッセージとピタリと重なり合うものであるともに、そうしたメッセージを具体的な形にし、継続することの難しさを、身をもって教えてくれる経験だった。
　それは、「官と民の壁、職種の壁など私たちの身の回りにあるさまざまな目に見えない『壁』をCross-overし（乗り越え）、より良い社会の実現に向けて協働しよう」というメッセージであり、「社会を構成するさまざまなプレーヤーが、組織や立場の垣根を越えて、公の問題解決に向け、時にアイディアを競い合い、時にともに汗を流す協働のメカニズムをつくりたい」という思いだ。

　「市民参加による第三者モニタリング」という多様なプレー

ヤー間の協働の仕組みの立ち上げと定着のために悪戦苦闘した経験を通じて、付加価値を生む Collaboration（協働）の継続的な成功にとって大切なことが見えてきた。僕はそれを「3つのC」と表現している。Coordination（調整）、Communication（対話）、Curiosity（好奇心）だ。最初の2つについては、既にその必要性を具体的な例を挙げて述べてきた。その上で、一番大切なのは、調整や対話の促進といった、いうならば地味で、その「成果」が具体的な形として現れにくい仕事を継続していく上での心の姿勢とも言える「Curiosity」なのだろうと思う。それは、誤解や対立が起こった際、「悪いのは彼らだ」と決め付ける前に、

「彼らはどうして、ああいう行動をとったのだろうか？」
「問題が発生する背景にはどういう構造的な要因があるのだろう？」
「問題解決のために、"自分たちが"できることはなんだろう？　自分たちはどのように変わることができるだろう？」

といった「Curiosity：好奇心」をもって、多面的に状況を見て問い続ける心の姿勢だ。こうした姿勢を保ち続け、それを周囲のパートナーと高めあっていけば、立場を異にするプレーヤーの間で日々発生するさまざまな誤解やトラブルを、お互いの学びと成長のための前向きな材料に変えていける。

　日本でも1998年の特定非営利活動促進法（いわゆるNPO法）の施行から15年を経て、福祉、環境、教育などさまざまな分野で数多くのNPOが社会サービスの提供を担うようなり、自治体との連携事例も増えてきている。他方、行政がせっかく作った制度や取り組みがそれを真に必要としている人の元へ届かないといった問題や、給付金の不正受給といった問題も根強い。

　こうした中、本章で紹介したバングラデシュの「第三者モニタリング」の取り組みは、現場の実情に基づく「カイゼン・マインド」を行政によりいっそう根付かせるとともに、責任ある公共の担い手としてのNPOの力を高め、そして、地域住民の「市民力」アップを促す仕掛けとして、日本の公共空間にも新しい風を吹き込む力となり得るのではないだろうか。

chapter

10

社会を引き裂く力に
どう向き合うか

How can we stand against the forces of dividing our society?

[政治]

まるで山の天気のように

　新興国の政治・社会情勢は山の天気のようだ。雲ひとつない空の下で登山を楽しんでいたハイカーが突然の雷雨に見舞われるように、順調な経済成長を続けていると思った矢先に突如発生する巨大なデモや暴動に、他国の投資家や起業家、政策担当者はしばしば意表を付かれる。エジプト、トルコ、ブラジル……枚挙に暇はない。

　バングラデシュも残念ながら例外ではなかった。特に僕が滞在した2年間の最後の半年間は、国政選挙にむけた与野党間の緊張の高まりと合わせ、バングラデシュの独立以来、その社会の深い部分にマグマのようにたまっていた、感情的で不幸な、そしてきわめて特有な問題が爆発したことにより、政情不安が社会を包み込んでいった。それは、この国の最大の資産である、宗教の違いを超えた国民国家としての一体感を引き裂きかねない問題でもあった。

　本章では、2013年2月以降に僕が目撃した一連の衝撃的な出来事とその背景にスポットライトを当ててみたい。重い話ではあるが、国づくりの途上にある新興国とかかわる上で直面し得るリスクと、それに対する向き合い方を考える一つのヒントになるはずだ。

ジャハバグ広場は人の海

　2012年2月。バングラデシュは独立以来、最高の高揚感と一体感、そして緊張感に包まれていた。

　シャハバグ（Shahbagh）。そこは東京渋谷のハチ公前交差点、あるいは新宿駅前の靖国通りのような、ダッカ市中心部の目抜き通りだ。高級ホテル、さまざまな企業の本社、メディアのビルが立ち並び、ダッカ大学まで程近い。そのシャハバグの目抜き通りと交差点が、"人の海"へと姿を変えた。

　2月5日に数十人で始まった座り込みによる抗議行動は、日を追うごとにその人数を増やし、バングラデシュの春節にあたる2月13日には数万人の規模に達した。巨大なバング

シャハバグ広場に集まった市民

ラデシュ国旗が掲げられたシャハバグの交差点に集まった老若男女は、それぞれ国旗を持ち、肩を組んで国歌を歌い、日が暮れると無数の蝋燭に火を灯し、国土を象った路面の花びらを囲んでシュプレッヒ・コールをあげる。

「ジョーイ・バングラー（バングラデシュに勝利を！）

巨大な人の海を掻き分けて歩く僕の目には、父母に胸に抱かれた、あるいは手を引かれた可愛らしい子供たちの姿も多く飛び込んでくる。拡声器から幼い声が広場に響き渡った。

「ラザカーに死を！　バングラデシュに正義を！」

見上げると、5歳ぐらいの女の子がステージに立って物々しいスローガンを唱えている。続いて数千の拳が一度に空に掲げられる。町全体にこだまする人々の叫びは雷鳴のようだ。
巨大な抗議行動を地元の新聞・テレビは連日トップ・ニュースで伝えていた。「これほどの数の市民がともに声を上げるのは、バングラデシュ独立以来初めてのことです！」とのコメントとともに。

一方で、同時期にホルタルが頻発していた。ホルタルとは英語で「シャット・ダウン（shut down）」と訳される。野党

chapter 10　社会を引き裂く力にどう向き合うか　183

系の政治グループが凶器を手にしてデモ行進し、町全体をシャット・ダウンするのだ。うっかりデモ隊と遭遇したバスや乗用車は火炎瓶と投石の標的となる。警官隊・機動隊と衝突すれば、催涙弾や小型爆弾の投げ合いの結果、しばしば双方に死傷者が出る。もっとも、ホルタルは実施数日前に野党から宣告が出されるため、一般の市民や外国人は多くの場合、危険を避けることができる。世銀や国連等、国際機関の事務所や多くの企業、学校は閉鎖され、職員には自宅待機例が出されるのだ。

しかし、このときは異常事態だった。ホルタル実施の通告がないにもかかわらず、武装したグループが暴力的な示威行動を展開、ダッカ、ラッシャヒ、チッタゴン、クミラ等、バングラデシュの主要都市のあちこちで火の手が上がっていた。

武装したデモ隊は野党ジャマティ・イスラム党の支持者らとその学生組織「ジャマティ・シビール」だ。彼らは「ラザカー」として拘束され裁判にかけられている党リーダーの無罪放免を求め、政府与党や、死刑判決を求めてシャハバグ広場に集う学生・市民に対する徹底抗戦を呼びかけている。2月下旬には、ついに世銀ダッカ・オフィスのメイン・ゲートのすぐ傍で、デモ隊と警官隊との間で銃撃戦が発生。僕も含め職員は全員最上階に避難を命じられ階段の安全扉が閉められるなど、オフィスは一時騒然とした。世銀ダッカ事務所で30年勤続暦を持つ大ベテランの同僚がつぶやいた。
「ホルタルでもないのに、こんな物々しい雰囲気にダッカが包まれるなんて、独立戦争以来、初めてのことだ。いったいどうなっているんだ……」

4月8日には、世銀グループの民間企業向け投融資部門であるIFC（International Finance Corporation：国際金融公社）のオフィスで僕が仕事をしていたところ、目の前で手製爆弾により乗用車が吹き飛んだ。IFCのオフィスはJICAのオフィスや大使館なども軒を並べるグルシャンと呼ばれる外国人・富裕層居住区にある。そこでこうした事件が起こるのもきわめて異例だ。

シャハバグ広場に蝋燭で描かれた
バングラデシュの国土

　いったい何が騒乱をもたらしているのだろうか？　シャハバグ広場に集う市民は誰に何を求めているのか？　破壊活動を展開するジャマティ・イスラム党とその支持者は何に突き動かされているのか？　そして「ラザカー」とはいったい何のことだろう？

独立戦争時からの因縁

　2013年2月、バングラデシュで「戦犯問題」という名のパンドラの箱が大きく開いた。「戦犯問題」は、バングラデシュという名の国民国家が、何によって結びつき、何によって引き裂かれ得るのかを生々しく示すものだ。それを理解するには、40年前、1971年の独立戦争時にまで時計の針を戻さなければならない。

　当時、東パキスタンとして遠くインドを隔てた西パキスタンの管轄下にあり、母語ベンガル語すら奪われようとしていたベンガル人は、言語の自由と独立を勝ち取るべく蜂起した。9ヶ月にわたる熾烈な戦闘は1971年3月26日、初代大統領となるムジウル・ラーマン（現ハシナ首相の父）によるバングラデシュ建国宣言の演説で火蓋が切られ、12月16日にインドの支援も受けたバングラデシュ側の勝利に終わった。

chapter 10　社会を引き裂く力にどう向き合うか　185

民族の命運をかけた凄惨な戦闘を勝利に導いたのは「ムクティ・バヒニ（"フリーダム・ファイター"を意味するベンガル語）」と呼ばれる義勇軍だった。今でも、有力な政治家や外交官、そして実業家には「ムクティ・バヒニ」が多い（事実はよくわからないが、そう名乗る人が多い）。

　一方、独立戦争を通じて「ラザカー」の汚名を着ることになった者もいた。ラザカーとは、もともと「志願兵」を意味するウルドゥ語（パキスタンの公用語）だが、独立戦争後にベンガル語で「裏切り者」を意味する言葉となった。彼らは独立戦争中、志願兵としてパキスタン側に加担し、さまざまな情報をパキスタン軍に与えた。さらに戦争末期には、敗色濃いパキスタン軍が独立後のバングラデシュの再建を遅らせるためになした蛮行の数々（知識人の虐殺、村々の無辜の民の殺害、多くの女性たちの陵辱など）に加担したとされる。

　そして、ラザカーを指揮していたのが、バングラデシュ・ジャマティ・イスラム党（Bangladesh Jamaat-e-Islami）だった。バングラデシュの中では比較的厳格にイスラムの教えを実践し、政治とイスラム教の融合を思想信条とするジャマティ・イスラム党は、もともとベンガル人のパキスタンからの独立に懐疑的で、「統合されたイスラム国家としての、東西一つのパキスタン・イスラム共和国の維持」を支持していた。歴史に「If」はないが、もしラザカーの支援を受けたパキスタン軍が勝利し、「東西一つのパキスタン」が維持されていたら、彼らは東パキスタン（現在のバングラデシュ）の支配階級になったかもしれない。しかし、歴史は彼らに「ラザカー（裏切り者）」という十字架を背負わせる一方で、ベンガル人に「バングラデシュ（ベンガル人の国という意味）」という名の国民国家を与えたのだった。

　ちなみに、バングラデシュの国旗は日の丸に似ているが、そのデザインは、緑豊かなベンガルの大地が、独立戦争で流された赤い血で染まっている様子を表している。

　独立戦争を担った当時20代の若者たちは、今日60歳前後となってバングラデシュの社会・経済・政治で中心的な役

割を担っている。つまり、独立戦争とそれをめぐるさまざまな出来事は、バングラデシュの現役世代の多くがはっきりと思い出せる時代の話なのだ。

　独立から40年を経た、2012年1月11日。
　この日、ダッカで90歳の老人が逮捕された。老人の名はゴラム・アザム。独立戦争直前から2000年まで40年間、ジャマティ・イスラム党を率いてきた政治家であり、イスラム聖職者だ。党の長老のゴラム・アザムのほか、現役のリーダーであるアブドゥル・カデール・モラほか、約10名の党指導者も次々と逮捕された。彼らは40年前の独立戦争における人道に対する罪——強盗・強姦・集団虐殺・ムスリムへの強制改宗——により、法の裁きを受けることとなったのだ。
　そして2013年2月5日、全国民が注目する中、ジャマティ・イスラム党の現在の指導者、アブドゥル・カデール・モラに下った判決は、「無期懲役」だった。

「死刑じゃないのか!?」
「納得がいかない！」
「死刑判決が下るまで、皆でともに徹底抗議をしよう！」
「バングラデシュに正義を！　ラザカーに死を!!」

　最初に声を上げたのは、ブロガー＆オンライン・アクティビスト・ネットワークに参加する若者たちだった。ダッカのシャハバグ広場に陣取った彼らの様子や声は、ブログ、フェイスブック、各種のインターネット掲示板、携帯電話のショート・メッセージ等を通じて瞬く間に国民、特に大学生の間に浸透。以後、日を追うごとに、シャハバグ広場に集う人の数は増え続け、多いときで数万人の規模に達したことは既に述べた。
　こうした学生や市民からの強烈な抗議の声に応えたのだろうか、同月28日に党副代表、デワル・ホサイン・サイーディに下った判決は「絞首刑」だった。40年を経てついにもたらされた「正義の鉄槌」に、シャハバグ広場の市民と学生は手を取り合って狂喜乱舞した。

一方で、死刑判決に憤ったジャマティ・シビールの若者たちは全国で蜂起した。絞首刑の判決を受けたサイーディは、卓越した演説力、説法力で知られており、ジャマティ・イスラムの支持者はもちろん、バングラデシュ国外のムスリムからも広く信奉を集める人物でもあった。尊敬する宗教指導者への死刑判決に対する怒りに燃えるジャマティ・シビールの若者たちは、与党アワミ・リーグの事務所や警察署を襲撃した。するとアワミ・リーグの支持者が報復にジャマティ・イスラムの事務所を襲撃。報復の連鎖が続き、一日で警官4人を含む約50人が死亡、数百名が重軽傷を負った。死傷者には争いとは無関係な通行人も含まれる。また地方の農村では、激昂したジャマティ・イスラム系の武装グループが、ヒンドゥー寺院やヒンドゥー教徒の家々を破壊し火をつけて回るという事態も発生した。

　バングラデシュは過去40年、たびたびクーデターや政争を経験してきた。前回選挙時の2007年には、混乱を収拾するために国家非常事態宣言が出されたこともある。しかし、デモ隊と警官隊との衝突により1ヶ月で約100人もの人々が命を落とすという事態は前代未聞であり、宗教的マイノリティが同胞であるベンガル人から一斉かつ一方的な攻撃を受けるのも初めてのことだった。

　これが「戦犯問題」によって発生した騒動の大まかな経緯と背景だ。しかし、数々の疑問が浮かぶ。なぜ40年前の独立戦争にかかわる騒動が2013年に発生したのだろうか？「戦犯問題」は過去40年、棚晒しにされてきたのか？　なぜ、現与党は突然ジャマティ・イスラム党のリーダーたちの逮捕に踏み切ったのか？

ジャマティ・イスラム党の実力

　そもそも、40年前の独立戦争時における「人道に対する罪」を問う裁判が、なぜ、2013年というタイミングで行われたのか。過去40年間、ラザカー（裏切り者）の汚名を着せられたジャマティ・イスラム党の指導者たちは、ナチス・ドイ

ツの幹部のように海外に亡命でもしていたのだろうか？　それとも、国内で息を潜めていたのだろうか？

　まったく違う。

　それどころかジャマティ・イスラム党は過去、政権与党だったのだ。2001年から2006年の間、当時与党第一党だったBNP（バングラデシュ民族主義党）の連立相手として政権の一翼を担い、2名の閣僚まで出していた。2009年にアワミ・リーグが政権を奪還した後も、BNPとジャマティ・イスラム党とは野党連合を形成し、声をひとつにして、政権与党アワミ・リーグの失政を糾弾してきた。

　ジャマティ・イスラムは独立以前から当時の東パキスタン（現在のバングラデシュ）で政治活動をしていた歴史ある政党だ。指導者の多くはイスラムの宗教指導者でもあり、パキスタン、さらには中東のムスリム・ネットワークとの強いつながりを持っている。加えて、強固な経済基盤がある。大手金融機関や医療機関、縫製工場やジュート工場の中には、古くからジャマティ・イスラム党の指導者や支持者が経営に関与しているものも多い。

　そして党の最大の武器は、強固な組織力、特に学生の動員力だ。チッタゴン大学、シレット大学、ラッシャヒ大学の半分近い学生がジャマティ・シビールのメンバーだという。これは実に不思議な現象だ。なぜ、商店の打ち壊し、バスや自動車の破壊・放火といった暴力行為を繰り返すジャマティ・イスラム党が大学生を惹きつけるのだろうか？

　理由はさまざまだろうが、ひとつのヒントは、上記大学はすべて地方の主要国立大学ということだ。つまり学費が安く、農村出身の貧しい学生が比較的入学しやすい。ジャマティ・イスラム党は、豊富な資金力を活かして、農村から出てきたばかりの貧乏学生に、寄宿舎や食事をタダ同然で提供したり、さまざまなカウンセリングを実施したり、とにかくよく面倒を見るのだ。そうしてジャマティ・シビールに入った学生で

特に優秀な成績を収めた者は、マレーシアや中東のイスラム国家への留学費用まで工面してもらえる。

また、バングラデシュには、通常の小中学校と平行して、「マドラサ」と呼ばれるイスラム系宗教学校があり、正規のカリキュラムとして認められている。そしてイスラム宗教指導者がリーダーであるジャマティ・イスラム党は、マドラサにも強い影響力を持っている。

こうした学生たちは、いざ政党側から動員がかかると、携帯電話やショート・メッセージで連絡を取り合って瞬く間に大人数となり、結束して行動するのだ。

要するに、シャハバグ広場に集結した市民や学生から「ラザカー」として非難の集中砲火を浴び、政治活動の禁止まで要求されているジャマティ・イスラム党は、弱小政党ではなく、むしろ強固な政治力、経済力、そして組織力を持つ政治集団なのだ。

こうした背景を踏まえて前述の問いを考えていこう。なぜ約40年前の「戦犯問題」が、急に脚光を浴びたのだろうか。以下、「票」、「正義」、そして「アイデンティティ」の3点を軸に掘り下げていきたい。

票をめぐる分断

40年前の問題が亡霊のようによみがえった理由を端的に言えば、現与党アワミ・リーグが2009年の前回総選挙の際、マニフェストに「我々が政権を取った暁には、独立戦争時のパキスタン軍による蛮行に加担した戦犯に、法の下でしっかり裁きを下す」と書き込み、選挙公約としたからだ。しかし、アワミ・リーグは1996年から2000年までの間にも政権与党の座にあったが、当時は「戦犯問題」を取り上げはしなかった。それどころか、ジャマティ・イスラム党と選挙協力をする仲ですらあったのだ。さらに言えば、アワミ・リーグの創設者でありバングラデシュの初代大統領であるムジウル・ラーマンも、独立戦争の後、パキスタンに協力したラザカーを捕らえようとはしなかった。なぜアワミ・リーグは急に、「戦

犯への裁きを下す」という「正義」を振りかざしたのだろうか？

　背景に見え隠れするのは 2014 年初に予定されている次期国政選挙。バングラデシュでは、1991 年の民主化以降、アワミ・リーグと BNP の 2 大政党を中心とする連立政権が各 5 年の任期を全うしながら、選挙のたびに政権交代しつつ今日に至っている。健全な二大政党制に見えるが、実態はほど遠い。

　現与党アワミ・リーグの党首である現首相シェイク・ハシナと、野党第一党 BNP の党首カレダ・ジアという二人の女性は、互いに個人的な恨みを抱く仲だ。ハシナは、「私の父親ムジウル・ラーマンと家族を軍事クーデターで殺したのはジアの一味だ」と信じており、一方でジアは、「二代目大統領だった夫のジアウル・ラーマンの暗殺はアワミ・リーグによるものだ」と思い込んでいるのだ。事の真偽はさておき、こうした個人的憎しみが両党間の対立を増幅させ、建設的な対話を妨げ、その結果、多くの不幸をこの国にもたらしてきたのは否定しがたい事実だ。

　なお、ジャマティ・イスラム党は、議席は少数だったものの、2000 年から 2006 年までの間 BNP と連立を組んで与党の立場にあった。もともと都市部の産業界のエリートや軍関係者によって独立後に作られた BNP は、地方で弱い。BNP にとっては、農村部に張りめぐらされた強固な組織力と豊かな資金力をもつジャマティ・イスラム党は魅力的なパートナーだ。一方でアワミ・リーグにとっては、国民の多くの支持を得やすく、表立って反対意見を述べづらい「戦犯問題」というイシューは、自らの正統性を高める一方で、ジャマティ・イスラム党を解党に追い込み、そのパートナーである BNP の政治基盤を弱める絶好のカードとなる。「戦犯問題」の背景には、「票」をめぐるこうした政治的な動機があるのだ。

正義をめぐる分断

　では、「戦犯」への死刑判決を求めてシャハバグ広場に集

まった市民や、その呼びかけ人である学生やブロガー、活動家たちは、与党アワミ・リーグに扇動され、あるいはその息のかかったグループなのだろうか。BNPやジャマティ・イスラム党のメンバーはそう語る。「あれは与党による政治的な扇動だ」と。実態はどうなのだろう。

　戦犯全員の処刑とジャマティ・イスラム党の解党を求めて全国各地で展開したそのムーブメントは、「市民覚醒のためのステージ（ゴノ・ジャガラン・マンチャ）」と名付けられた。バングラデシュの独立以来、最も巨大で、かつ非暴力を貫いている点でユニークなこのムーブメントは、ブロガーや学生らによる自然発生的なものでも、政権与党が扇動したものでもない。それは、組織化された複数の市民団体が、満を持して仕掛けたものだ。

　たとえば、ムーブメントで中心的役割を担っている市民団体の一つに、「エカトレール・ガタック・ダラル・ニルムール委員会」がある。カタカナだけではどんな委員会なのか見当がつかないが、翻訳するとその名前自体が強烈なメッセージだとわかる。すなわち、「71年の殺戮協力者を根絶する会」なのだ。71年は独立戦争を、殺戮協力者とはパキスタン軍に協力したラザカーを指すことは言うまでもない。

　戦犯の処刑とジャマティ・イスラム党の解散を求めるこの

フリーダム・ファイターを模して行進するシャハバグの市民

団体の設立は 1992 年 1 月。この年、戦犯の象徴的存在であり、戦後しばらくパキスタンに亡命していたゴラム・アザムが、ジャマティ・イスラム党の党首に就任した。「エカトレール・ガタック・ダラム・ニルムール委員会」は、戦犯が政党の党首に堂々と就任しバングラデシュの政界に返り咲いたことに強い反発を覚えた作家、大学教授、芸術家、ジャーナリスト、学生、そしてかつてのフリーダム・ファイターらが立ち上げた市民団体なのだ。以来彼らは、時々の政府・与党に対して、戦犯裁判の開設を要求し、「政府が戦犯を裁かないのであれば私設の市民裁判所を立ち上げて正義を下す」との主張を 20 年以上続けてきた。

　ちなみに、委員会のリーダーはジャハナラ・イマムという女性だ。ジャーナリストであり作家であり、二人の息子の母親でもあったジャハナラは数々の著作を残したが、中でも、長男ルミを独立戦争で失った悲しみとバングラデシュ独立への想いを卓越した筆致でつづった日記「71 年の日々 (Ekatturer Dingul)」は、「バングラデシュの『アンネの日記』」と評され、多くのバングラデシュ人の心を強く揺さぶる名作だという。「ショヒド・ジャナニ（殉教者の母）」と呼ばれ国民から慕われてきたジャハナラは 1994 年に亡くなったが、今でも戦犯処刑とジャマティ・イスラム党の解党を求める市民運動の精神的支柱であり、シャハバグ広場には彼女の巨大な肖像画が掲げられていた。

　エカトレール・ガタック・ダラム・ニルムール委員会やフリーダム・ファイターズの OB 会組織といった市民団体は、独立時の憲法に刻まれた精神、すなわち、バングラデシュ人としての一体性（Nationalism）、民主主義（Democracy）、そして政治と宗教の分離（Secularism）に強い思い入れを持ち、数十年にわたり戦犯の処刑という「正義」を求め続けてきた。2013 年 2 月に急速に盛り上がったシャハバグ・ムーブメントを主導しているのは、こうした筋金入りで強固なつながりを持った勢力なのだ。
　2 月中旬にはムーブメントの火付け役の一人だったブロガーのアハマド・ラジブ・ハイダーが、ジャマティ・シビール

のメンバー数人により惨殺された。ムーブメントのリーダーであるイムラン・ショルカーに対しては、その命を狙うさまざまな脅迫が飛び交った。そうした出来事にもかかわらず、このムーブメントの勢いは衰えなかった。ダッカのシャハバグ広場だけでなく全国の主要都市を行脚し、「正義」の実現を訴え、ジャマティ・イスラムによる暴力に屈しないよう国民に呼びかけ続けた。

　こうした経緯を見れば、シャハバグ・ムーブメントが一過性の底の浅いものではなく、また、与党アワミ・リーグの扇動によるものでもなく、強力な精神的・思想的支柱を持った命懸けのムーブメントであることがわかる。

　一方で、ジャマティ・イスラムとその学生支持団体ジャマティ・シビール側にも、彼らなりの強固な「正義」がある。それは、「戦犯裁判」の正統性をめぐるものだ。
　彼らはこんな主張をする。──そもそもジャマティ・イスラム党は、「ムスリムの連帯維持」という主張を掲げてバングラデシュのパキスタンからの分離独立に反対し、その帰結としてパキスタン軍に加勢した。パキスタン軍による非人道的蛮行は許されるものではないが、パキスタンを支持したというだけで、「戦犯」のレッテルを貼って次々と捕らえて裁判にかけ、厳罰を求めるのは極論ではないか。死刑判決は、そうした極端な世論に迎合したもので、客観的な証拠や公平で開かれた審議も不十分。これは政治的動機に基づいた人権侵害にほかならないのではないか。さらに、リーダーに対する死刑判決の撤回を求めて立ち上がった若者に対して、実弾を浴びせて大勢の命を奪うとは、与党とシャハバグ・ムーブメントのほうこそ非人道的ではないか。──ジャマティ・イスラム側のこうした主張も、頭から否定するのは難しい。

　あらゆる戦争の背景には、対峙する双方が掲げる「正義」がある。9ヶ月間の戦闘で300万人もの犠牲者を出したバングラデシュ独立戦争も、バングラデシュ人による国民国家を打ち立てようとする側と、パキスタン・イスラム共和国としての一体性を死守しようとする側双方が、それぞれの正義を

掲げて戦った。

　現与党アワミ・リーグが票を集めるためにマニフェストに書き込んだ「戦犯裁判」というイシューは、40年前に激しくぶつかり合った二つの「正義」の亡霊を呼び覚まし、バングラデシュを「われわれ」と「ヤツラ」へと引き裂いてしまう、きわめて危険なテーマだったのだ。

　そしてその背景には、「バングラデシュ人とはいったい誰か」「バングラデシュをバングラデシュたらしめているのは何か」という、さらに危険で深い「アイデンティティ」をめぐる分断がある。

アイデンティティをめぐる分断

　2013年4月4日。バングラデシュは極度の緊張感に包まれていた。長距離バス、ローカルバス、鉄道、そして船舶など、すべての公共交通機関が運行を取りやめ、国民は固唾を呑んでメディアの報道を見守っていた。

　その週末、「戦犯」への死刑を求めてダッカのシャハバグ広場を基点に展開するムーブメントの火付け役であるブロガーを、「ムスリムを冒涜する無神論者」として死刑にするよう求める一団が、バングラデシュ第二の都市チッタゴンから首都ダッカまで約250キロの道のりを行進し、ダッカで巨大な集会を実施するというのだ。ATNニュースは、純白の帽子とパンジャビ（ムスリム男性の衣装）に身を包んだ10万人を軽く超える集団と、1000台以上のバスがチッタゴンに集結している様を映し出していた。

　翌5日、ジュマの祈りを終えた彼らは、次々とバスに乗り込み首都への進行を開始。フェニ、ノアカリ、クミラなど、チッタゴンからダッカへと向かう途中にある主要都市でも次々と支持者が加わっていく。沿道では、彼らの行進を応援する人々が水や食料を手渡していく風景もテレビ映像に映し出された。

　シャハバグ・ムーブメントの仕掛け人の死刑を求めて行進する一団の名は「ヒファジャット・イスラム」。チッタゴンで200年以上の歴史あるムスリムの名門教育機関の宗教

指導者が率いるこのグループは、政党ではない。イスラムの教えを日々の生活の中で徹底的に実践するとともに、「シャリーア（イスラム法）」による社会や国家の統治を主張するムスリム宗教団体だ。そして、多くのリーダーが戦犯として裁かれているジャマティ・イスラム党とのつながりが指摘されている。

　一方、シャハバグ・ムーブメントを主導する学生や市民は、ヒファジャット・イスラムの首都流入を食い止めるべく、5日金曜日の夕刻から24時間体制で全国規模のホルタルを宣言。ダッカ南部にバリゲードを築くとともに、全公共交通機関の運行停止を求めた。このままでは内戦のような悲劇的事態が発生するのではないか……そんな悪夢のようなシナリオがささやかれる中、明けた土曜日の朝にメディアが一斉に映し出したのは、純白の帽子とパンジャビで身を包んだ約40万人もの大群集で埋め尽くされた、ダッカ中央駅近くの商業の中心地モティジール（東京でいう丸の内・大手町のような地域）の様子だった。

　メディアやネットを通したものを含めても、これだけの数の人間を一度に見たのは、生まれて初めてだった。シャハバグ広場に1万人を超える市民が集まった時も度肝を抜かれたが、これはその比ではない。正に「人の海」としか形容できない圧倒的な光景。そこにヒファジャット・イスラムの指導者の声が響き渡った。

「我々は、ムスリム、そして預言者ムハンマドを冒涜したブロガーを死刑に処す法律制定を含む「13か条の要求」を、政府に提示する。我々は暴力や動乱は好まない。本日の集会も邪魔が入らない限り、平和的に実施しなければならない。しかし、今日ここに集った一人一人、そして全国各地の同胞たちは、ムスリムへの冒涜に対しては、命懸けで戦う覚悟が十分にできている!!」

　驚異的な動員力と統率力を示した宗教組織、ヒファジャット・イスラムは、いったいどのような要求を政府に突きつけたのだろうか？　以下、「13か条要求」を列挙してみよう。

①国家の基本原則として「全能の神アッラーへの信頼と忠誠」を憲法に明記すること
②ムスリムに対する誹謗中傷、アッラーや預言者ムハンマドに対する冒涜をする者を死刑に処す法律を制定すること
③預言者ムスリムを冒涜する無神論者であるシャハバグのリーダー、ブロガー、そして反イスラム主義者を罰すること
④イスラム学者やマドラサの学生に対する殺傷、発砲を停止すること
⑤逮捕されたイスラム学者やマドラサの学生を解放すること
⑥モスクへの立ち入り禁止を解除するとともに、宗教行事実施へのあらゆる妨害を取り除くこと
⑦ Qadianis（イスラム修正主義者）はムスリムではないことを宣言し、彼らによる出版行為や陰謀を止めさせること
⑧公衆の場での自由な男女の混ざり合い等、外国文化を禁止すること
⑨国中の交差点、高校、大学構内における彫像の設置を停止すること
⑩女子教育を促進する政策を停止するとともに、小中学校におけるイスラム教育を義務化すること
⑪マドラサの学生・教師・イスラム学者やイマーム等に対する脅迫を停止すること
⑫メディアによるイスラム文化の曲解を通じて若者のムスリムへの憎しみを煽るのを停止すること
⑬ NGO による反イスラム運動や修正イスラム主義者による邪悪な試み、そしてチッタゴン丘陵地帯や全国でのクリスチャンによる改宗活動を停止すること

　こうした主張を、バングラデシュ独立時に制定された憲法が謳う国家の基本精神、すなわち、バングラデシュ人としての一体性、民主主義、そして政治と宗教の分離と対比してみれば、ここに「バングラデシュ人とは何か」のアイデンティティをめぐる分断があることが見えてくる。

　まず、「バングラデシュ人とは、パキスタン・イスラム共和国から独立を勝ち取った者である」と自らを定義する人々

がいる。彼らの中には、人口の9割近くを占めるムスリムも含まれれば、ヒンドゥー教徒やクリスチャン、仏教徒も含まれる。あるいは欧米に留学をしたエリート層には「宗教には縛られたくない」と考える人も少なからずいるだろう。こうした宗教観や信仰の違いにもかかわらず、40年前にパキスタンという共通の敵と戦い独立したという物語を共有する人々にとって、バングラデシュ人としての一体性は、宗教の違いを超えた強固なアイデンティティの基盤となる。同時に、「ムスリムの連帯」を掲げるジャマティ・イスラム党のような政党が、パキスタン軍による蛮行に積極的に加担した史実、言い方を変えれば「宗教の政治利用」がもたらす災禍が脳裏にこびりついている彼らにとって、「政治と宗教の分離」は大切な原則となる。

　他方、「バングラデシュ人とは、ムスリムであり、バングラデシュはムスリムの国家である」と自らを定義する人々がいる。こうした人々は、同じ空間を共有しているヒンドゥー教徒やクリスチャンよりも、数千キロ離れたパキスタンやサウジアラビアにいるムスリムに対して「同胞」としての意識を強く感じる。また、街中や全国の学校構内にある「フリーダム・ファイターズ」の銅像や、言語運動の犠牲者となった学生を悼む「ショヒド・ミナール」は、ムスリムの教えである偶像崇拝の禁止に触れるものであり心地良くない（13か条要求の第9条にもそれが表れている）。

　彼らはさらに、同じムスリムであっても「パキスタンから独立を勝ち取った我ら」という自己規定を大切にするムスリムに対しては、「修正主義者」として反感を持つ（13か条要求の第7条・13条の通り）。たとえば、ジャマティ・イスラム党の元党首ゴラム・アザムは、バングラデシュ独立後にパキスタンに亡命している間、「バングラデシュには"偽のムスリム"がはびこっている（だから、"真のムスリム"である私は追い出された）」というキャンペーンを張って、自らの立場を擁護していた。

　仮に独立直後のバングラデシュが、戦争中にパキスタンに

シャハバグ広場で国旗を売る人

加担した勢力に対して「亡命か死か」の究極の選択を迫り、ベンガルの地から完全に放逐していれば、こうしたアイデンティティをめぐる衝突は、その後のバングラデシュには存在しなかったかもしれない。しかしながら、このような難題を完遂する力は、建国間もないバングラデシュにはなかった。巨大サイクロンの被害、旱魃に伴う飢餓、そして汚職とクーデターという苦難のなかで、「戦犯への裁き」という難題はウヤムヤにされていった。また、バングラデシュ独立直後の1970年代前半には第一次オイル・ショックという外患もあった。燃料確保のために産油国である中東イスラム諸国との関係改善を図らなければならない状況下では、「ムスリムとしての連帯」を重視する勢力に厳罰を下すことは困難だった。

それから40年。バングラデシュは、国としての一体感を保ちながら天災や政治混乱など数々の苦難に耐えながら経済・社会を成長軌道に乗せた。ムスリムが多数を占めるにもかかわらず、中等教育の就学率は男子よりも女子が高く、国の経済を牽引する縫製業の担い手の8割は女性であるなど、女性の地位向上という側面でも目覚しい成果を見せた。BRICSに続く経済成長が見込まれるNEXT11に名を連ね、2021年までの中所得国入りが射程に入っている。

一方、アイデンティティや正義をめぐる議論が風化していく

chapter 10 社会を引き裂く力にどう向き合うか 199

なかで、「戦犯」として裁かれるはずだった勢力は、バングラデシュ農村部の貧しい若者をマドラサでの教育を通じて惹きつけ、パキスタンや中東諸国からの援助を得ながら、政治力・資金力・組織力を蓄えていった。そして今や彼らは、バングラデシュのなかで決して無視できない影響力を持つ存在となった。そんな矢先に「戦犯問題」がクローズアップされ、独立戦争時の亡霊ともいえる、「アイデンティティ」をめぐる亀裂があらわになった。その引き金が「戦犯裁判という正義をめぐる論争」であり、これに油を注ぐのが「年末の選挙をめぐる票」なのだ。

僕たちにできること

　この問題がこれからどのように展開するか、バングラデシュの歴史にどのような爪あとを残すかは未知数だ。一つ確かなことは、こうした政治騒乱が続けば、多くのバングラデシュ人、あるいはバングラデシュでビジネスを営んでいる外国人に大きな経済的損失をもたらし、一般市民の生活の基盤を揺るがし、国の対外的なイメージを損ね、そして数多くの開発プロジェクトに悪影響を与えるということだ。

　僕が世銀で担当していたプロジェクトも大幅な遅延を余儀なくされた。出勤できず自宅で悶々と過ごさなければならない日も多かった。バングラデシュの国づくりに貢献しようと思ってがんばっている多くの友人や同僚たちと同じく、自分にとって、こうした状況は余りにも悔しいものだった。

　同時に、政治や宗教が深く絡むこの問題の解決は、バングラデシュ人にしか成し得ないのであって、外国人、特に僕のようにやがてバングラデシュを去らなければならない人間は、ただ嵐を過ぎるのを待つしかないのだ、と傍観者を決め込んでいる自分もいた。一方で、変えられない環境を受け入れながらも、小さくても何か自分にできることがあるのではないか、という気持ちを持ち続けた自分がいた。

　実際、僕たちにできることは何もないのだろうか。

日本はバングラデシュに対して過去40年、莫大な投資をしてきた。電力、道路、橋といった基礎インフラをつくってきた円借款（2011年3月時点で累計7193億円）の原資は日本人の預貯金だし、JICAの技術協力、無償資金協力、そして世銀やアジア開発銀行が実施するプロジェクトの元手の多くは、日本人の税金だ。さらに、青年海外協力隊員として、技術者として、ビジネス・パーソンとして、草の根NGOの職員として、あるいは医師や研究者として、大勢の日本人が、その命とパッションをバングラデシュに投じてきた。

　つまり、バングラデシュが傾くとは、日本と日本人がこれまで国境を越えて長年にわたって成してきた投資の価値が毀損することを意味する。逆にバングラデシュが安定的に発展していけば、日本もそれにともない大きな「配当」を期待できるのだ。

　ここで言う「配当」とは、信頼できる有能なビジネスパートナーとして、日本企業のバリュー・チェーンの一翼をバングラデシュの企業や人材が担っていくことや、日本人が生み出したモノやサービスを、購買力を増したバングラデシュの人々が今まで以上に購入するといった経済的な意味だけでない。気候変動への対応や食料生産性の向上といった21世紀の地球が抱える課題について、ともに解決策を模索していくパートナーとなることかもしれない。あるいは、もっと身近に、バングラデシュ人と日本人が、お互いを欠かせない友人として、ともにトルカリを食べながら語りあったり、歌を歌ったり、スポーツで汗を流したりできることかもしれない。

　こう考えると、バングラデシュという国とバングラデシュ人に対して個人的な愛着を感じている自分にとってはもちろん、直接の関係がない人々にとっても、バングラデシュの失敗は自らの損失だし、バングラデシュの成功は自分の利益だと言えるのではないだろうか。

　そんなことを考えながら、「自分に何ができるだろうか？」と葛藤した末に至ったのは、「困難な状況だからこそ、自分はバングラデシュの人々と徹底的に向き合う、というメッ

セージを発信し、行動しよう」という想いだった。

　人は、自分が困難な状況に陥ったとき、普段「トモダチ」だと称する人たちがどんな行動をとるのか、見て覚えているものだ。順調な時は調子のいいことを言うものの情勢が危うくなるとすぐに引いてしまう人々もいれば、普段は物静かでもいざという時にともにいてくれる人もいる。どちらに、どのくらい感謝と信頼の念が沸くか、3.11の危機を経た日本人なら誰でも答えを知っている。

　確かに、ベンガルの大地には深い、いくつもの亀裂が走っている。しかし、その断絶にかける橋、つまり「ベンガル語という共通の言語」を使った対話を通じて、バングラデシュ人はきっと試練を乗り越えるだろう。そして、ダッカで過ごす残りの期間、自分はバングラデシュの人々と徹底的に向き合い、できる限りのことをしようと僕は思った。日本人とバングラデシュ人が、これから永きに渡り、より豊かな「配当」を、お互いに、そして、持続的に与い合える関係をつくる力になるために。

　そんな思いに突き動かされてとったのが、次章で紹介する取り組みだった。

chapter

11

傷ついたコミュニティを再生するには

What we can do for rebuilding damaged community?

[コミュニティ]

震災の2年後に

　2013年3月11日。東日本大震災から2年が過ぎた。僕はあの日、あの時、バングラデシュの農村にいた。夏からのダッカでの勤務に向け、1週間の出張の機会を得てバングラデシュに初めて来ていた、その週末に震災が起こったのだ。
　電気もガスもなく、シャワーは井戸水という農村の家にホーム・ステイをしていた僕の耳に、震災・津波のニュースを届けたのはインターネットだった。バングラデシュでは国中ほとんどどこでも携帯電話がつながるが、携帯の電波が届くところでは、インターネットにもアクセスできる。「グラミン・フォン」の端末をつけた友人のラップトップに映し出された信じがたい映像に釘付けになったこと、翌朝村の港に行くと、地元紙の一面が津波に襲われる東北の写真だったこと、そしてダッカのホテルに戻ってCNNをつけると福島第一原発の深刻な状況が映し出されていたこと……今でも昨日のことのように思い出される。

　そして、それから2年が過ぎようとしたこの週末も、僕はバングラデシュの農村に向かっていた。でも、とても残念なことに、向かっていたその村は、美しい田園風景と人々の屈託のない笑顔に満ちた、いつものバングラデシュの村ではない。その慎ましい生活の基盤を徹底的に破壊され、信仰の拠り所までも失った人々が悲しみの中で途方にくれている、そんなコミュニティなのだ。
　人々の生活と心を破壊し、絶望をもたらしたのはしかし、天災ではない。宗教の名を借りた狂信的な権力闘争に心を奪われた過激派の一団によるマイノリティへの攻撃という、受け入れがたい人災なのだ。

被災者たちのまなざし

　ダッカから南へ約150キロにあるノアカリ県のベグムゴンジ郡ラジゴンジ・ユニオン。
　この村の名を僕の心に刻みこんだのは、独立戦争時にパキスタン軍による蛮行に加担した戦犯の一人として法廷に立た

されていたジャマティ・イスラム党の副党首デワル・ホサイン・サイーディに死刑の判決が下った2月28日の翌々日の新聞記事だった。

　それは、指導者に対する死刑判決に怒りを爆発させたジャマティ・イスラム党とその学生団体であるジャマティ・シビールと見られる一団数百人が、何の関係もないこの村のヒンドゥー・コミュニティに襲いかかり、鉄パイプで家々や寺院を破壊した挙句、火を放った、という信じがたい内容だった。

　記事を読み終えた僕は、「あぁ、この国はついにここまで来てしまったか……」と暗澹とした気持ちに浸りながら、次の記事に目を通し、そして新聞を脇に置いた。

　このところ毎日のように繰り広げられるホルタル。銃弾や手投げ弾が飛び交うデモ隊と治安維持部隊との衝突の様子。炎に包まれるバス。多数の死者・重軽傷者の数字が踊る新聞やニュース。そして、ただひたすら「早く落ち着かないだろうか……」と祈り、「これはバングラデシュ人同士の問題。外国人の自分ができること、すべきことは何もない」と傍観者を決め込む自分……。なんだか落ち着かない気持ちになってきた。

　もう一度新聞を開いてみる。
　そこには、焼け落ちた家の前に並ぶ子供たちの写真がある。彼らの表情を見ている自分。そして、バングラデシュ人特有の、大きく澄んだ目で、彼らも、僕を見ていた。その瞬間、僕の心が何かを主張していることに気付いた。
「この人たちの声に耳を傾けたい。一言だけでも、声をかけたい」
「外国人だから何もできないだって？　何のために、仕事で使いもしないベンガル語を勉強し続けてきたんだ？」
「とにかく、行こう。この人たちと直接向き合おう。彼らの声に耳を傾け、破壊された生活を直接自分の目で目撃し心に刻もう。そしてあの人たちの痛みを共有し、できることなら和らげるために、自分が何ができるか、彼らの目の前で考えよう」

それから4日後、3月8日金曜日の午後、僕は、その村を訪れていた。

どう声をかけたらいいかもわからない

　村に入って最初に目にしたのは、トタン板の壁と屋根、そして竹の柱で作られた掘っ立て小屋の数々だった。村の人の話では、攻撃があった2、3日後に、政府が被害者に対して小屋を作る材料を支給したという。竹の柱を地中に埋め込むためにスコップを振るっていたお兄さんに尋ねると、政府に雇われて仕事をしているとの返事。バングラデシュ政府の思いがけない素早い対応にほっとするも、被害者の一人であるカルティック・デシュさんの案内で、彼の家——かつて家だったトタン板で仕切られた空間——に入ると、言葉を失ってしまった。

　そこで目にしたのは、焼け焦げたわずかな食器と政府から配給されたというお米、そして真ん中に敷かれたゴザの上でお昼寝をしている3ヶ月の赤ちゃんだった。

　郡病院で医療事務に従事しているというカルティックさんは、攻撃があった時も仕事に出ていたという。噂を聞きつけて駆け戻ったカルティックさんを待っていたのは、焼け落ちた我が家だった。一方、暴徒がコミュニティに乱入してきたのを見て、留守番をしていた75歳のおばあちゃんと奥さんは、赤ちゃんを抱えてとにかく必死に逃げたという。
「結婚してこの村に住んでから、かれこれ50年になるけれど、こんな目にあったのは初めてだよ……」
「赤ちゃんも生まれたばかりなのに、こんな目にあって。怖かったでしょうね……」と声をかけるとおばあちゃんは「まぁ、この子はまだこんなだから。何だかよくわからなかったんだと思うよ。泣いたりもしなかったしね」と淡々と応える。

　次に会ったのはプリティ・デシュさん。5歳になる一人息子シマント君と二人で暮らす母子家庭だ。
「今回のことで、服も、食器も、ベッドも何もかもなくなり

被害者のカルティックさん（左）と今年 70 歳になるというおばあさん（右）の声に耳を傾ける著者。赤ちゃんは 3 ヶ月前に生まれたばかりだ。

ました。政府からは一家庭 1 万タカ（約 1 万円）程度のお金が支給されたようですが、私たちはもらいそびれてしまった。政府の方が村に来たときに、たまたま別の場所にいたので、被害者リストに載せてもらい損ねたんです。政府の人はまた来るかもしれないし、来ないかもしれない。何もわかりません。この子をこれからどうやって育てていったら良いのかも、わかりません」

　高齢のおばあちゃんと女性、そして生まれたばかりの赤ちゃんがいる家や母子家庭の家を攻撃して火を放つなんて、まったく理解不可能だ。政治は人をここまで狂わせてしまうのか。あるいはもっと別な何か大きな力が働いているのだろうか。村では全部で 18 の家が焼かれ、約 100 人の人々が、こうした状況の下にあるという。村の人々が放火された寺院にも案内してくれた。

　破壊された神々を前に、ただただ、胸が痛む。このコミュニティの近辺にある 6 つの寺院すべてが破壊され焼かれたそうだ。正直、どう声をかけていいかもわからなかった。何かの役に立ててもらおうと、ある程度まとまったお金をポケットから引っ張り出すも、どうやって配分したらよいかすらわからず、混乱状態だった。でも、そのコミュニティの人々は、僕の気持ちを受け取ってくれた。

chapter 11　傷ついたコミュニティを再生するには　207

「お昼ご飯がまだなら、食べていきなさい。え、要らないって？　それなら、せめてお茶でも飲んでいってくださいな」

　政府から配給されたわずかな食べ物で日々を乗り切っている、そんな人々からかけられる信じられないような言葉に胸を熱くしながら、僕らはラジゴンジ村をあとにした。そして、車に揺られながら感じ、考えた。

　バングラデシュはしばしば「穏健なムスリム」と称される。この国の約9割を占めるイスラム教の教えを大切にするほとんどの人々は、自制心と寛容さ、そして優しさに満ちている。バングラデシュの最大の資産は、宗教の違いを超えた一体感とそれが生み出す豊かな社会関係資本だ。たとえばマイノリティのヒンドゥー教徒の最大の祭典である「ドゥルガ・プジャ」が国民の祝日であり、多くのイスラム教徒もその祭りを楽しむ。同じくマイノリティのクリスチャンが大切にするクリスマスも祝日だ。また、バングラデシュの小中学校の必修科目である「宗教」の授業は、多数派のイスラム教だけが教えられるのではなく、ヒンドゥー教徒やキリスト教徒、あるいは仏教徒の生徒がいれば、別のクラスを設けて別の先生がしっかりと教える。それもバングラデシュという国民国家が、国民それぞれの信仰心を尊重している証拠と解釈できる。中近東の多くの国々を苛むテロや暴力と、この国が無縁であり、どこへでも安心して出かけられる体感治安の良さを誇っていたのも、こうした寛容さがあってこそだ。

　しかし、戦犯問題に端を発する暴力と怒りの連鎖と拡大は、そんなバングラデシュの美徳と強みをも破壊してしまったのだろうか……いや、そんなことは決してないはずだ。
　この国には、多様性と寛容さと、宗教や文化の違いを乗り越えて連帯することを大切にする大勢の人々がいる。そして、もちろん、この国の国境を越えたその先にも。

　そうだ！　そんな人々の気持ちを集めて、今日出会った人々のもとへもう一度戻ってこよう。あるいは同じような苦しみの元にある人のところに、みんなの気持ちを届けに行こう！

「大丈夫です。大勢の人が、皆さんのことを案じています。バングラデシュの多くの人々が、あるいは国境を越えたその先でバングラデシュの未来を案じる多くの人々が、皆さんが元の生活と社会との絆を取り戻してほしいと願っているんです。皆さん、一人じゃないんですよ」

そう伝えに行こう。バングラデシュのコミュニティが、一日も早く本来の輝きを取り戻すことに、少しでも貢献できるかもしれない。外人とかバングラデシュ人とか日本人とか、関係ない。この国が好きなら、それで十分だ！

7 時間ローカル・バスに揺られてダッカの我が家に戻った僕は、そんな思いに突き動かされながら、世銀のダッカ事務所やワシントン本部の同僚、あるいは東京の友人たちに向けて E-mail や facebook で、破壊されたコミュニティの再建に向けた支援を募るメッセージを次々と放っていた。

思いを届けに

2013 年 3 月 23 日土曜日、朝 5 時半。

モスクから鳴り響くアザーンに見送られながら、僕は自宅を後にした。朝一の礼拝に向かう数人の敬虔なムスリム以外は、早朝の街路に人の姿はない。10 分ほど歩いてたどり着いた大通りで待ちぼうけしていると、程なく働き者の CNG（天然ガスで動くオートリキシャ）が僕の前に止まった。鉄格子のような扉を開けながら、運転手に告げる。

「サイダバット・バスターミナルまで頼む。ノアカリへ行くバスに乗るんだ」

週末のこの時間は渋滞がないために、まるでダッカの町全体のサイズが縮んでしまったのかと思うほどだ。ダッカの南部にあるサイダバットへは平日であれば軽く 1 時間半はかかる道のりだが、この日は 30 分少々で到着。しかし、バスターミナルは週末の早朝にもかかわらず、人とバスとリキシャでごった返していた。ノアカリ行きのバスはどれだろう、道行く人々に聞いて回っていると、指差されたその先で、

「ノアカリー！、ノアカリ行き、アジア・クラシック、出発

するぞ!!」

　と叫びながら、車掌がフロント・ガラスにひびが入ったオンボロバスの横っ腹をバンバン叩いている。朝食用にドカン（道端の小店）で買ったルティ（クレープの皮のようなパン）、ディム（焼き卵）、パニ（水）を紙袋に突っ込んで、既にゆるゆると動き出している長距離バスに飛びってようやく一息。350タカの切符を手に向かう先は2週間前に訪れたノアカリ県のベグムゴンジ郡、ラジゴンジ・ユニオンのアランディノゴール村だ。

　バスターミナルを出発したバスは、ダッカとチッタゴンを結ぶ幹線道路に入ってスピードを上げた。対向車線いっぱいにはみ出して前方の車やオート3輪を次々と追い抜きながら疾走するバスの車窓からは、心地よい風とともに、乾燥しきったバングラデシュの大地から舞い上がる土埃が間断なく吹き込んでくる。半年続いた乾季も終わりが近い。

　バングラデシュに来てから早1年8ヶ月。それまで週末のかなりの時間を農村や地方都市で過ごしてきた僕にとって、ローカル・バスや船、汽車を使って一人で移動するのは特別なことではなかった。しかし、この日は幾分の緊張感が、腰の周りに感じられる。ダッカ、ワシントン、そして日本にいる多くの友人や同僚から預かっている「志」の一部、9万タカもの現金を携えて移動するためだ。これを必要としている人々に、そしてコミュニティへと届けるために。

頼もしい現地のパートナー

　ノアカリの中心地、マイルディ・バザールに到着した頃には、太陽は既にその強烈な光をほぼ垂直に地面に投げかけていた。幸い大した渋滞はなかったが、150キロの旅路を行くのに約6時間を要したことに気付く。ここで電話をかけると、口ひげを生やした一人の男性が、往来の激しい交差点の向こう側で、手を振っている。
「ガンジー・アスラム・トラストのアシム・クマール・バカッシュです。ノアカリへようこそ。待っていましたよ」

握手を交わしたその男性、アシムさんは、僕がこの地で協働するパートナーだ。攻撃されたコミュニティ支援のために、世銀ダッカ事務所の全職員宛にE-mailでメッセージを送ったところ、上司であるバングラデシュ担当局長のサルマンが、「個人的な支援活動をするなら、現地の状況をよく知るNGOと連携をしたほうがいいかもしれないよ。今回の件は政治も絡んでいるから、政治色の薄い中立的なNGOと一緒に現地に入るのが無難だ。私が以前より懇意にしているNGOの代表を紹介するから、よかったら連絡してみたまえ」
　とつないでくれたのが、ノアカリ県で40年以上活動を続けるNGO、ガンジー・アスラム・トラストなのだ。

　ガンジー・アスラム・トラストの発足は1947年にまで遡る。当時、インド・パキスタンの分離独立に伴ってノアカリ県、チャンドプール県の村々で発生したヒンドゥー教徒とムスリム教徒との間での暴力を憂いたマハトマ・ガンジーがこの地を訪問、宗教や価値観の違いに対する寛容さ、非暴力の徹底といった理想を説いて回った。これに感銘を受けたノアカリの人々が、ガンジーの理想を守り、そして広めていくために私財をなげうって立ち上げたのがこの団体なのだ。
　パキスタン統治時代は、その土地や資産を凍結されるという憂き目にもあったが、1971年のバングラデシュ独立を機に活動を再開。現在では、イギリスの援助機関DFIDやオーストラリアの援助機関AUS-AIDEといった海外のドナーからの資金を得て、最貧層の特に女性に対する就業支援や、小規模なインフラ整備プロジェクト等を実施している。約150人のスタッフのうち6割がムスリム、4割がヒンドゥーだという。

「長いバス旅でお疲れでしょうから、例の村に入る前に、とりあえず茶でも飲みながら、状況をお話ししましょう」
　アシムさんに誘われて、街道沿いの茶店に入り、村の被害状況とガンジー・アスラム・トラストのこれまでの活動について話をうかがった。アシムさんがカバンから取り出したノートには、2月28日の暴力によって被害を受けた人々の氏名、職業、家族構成、被害総額等が丁寧に記されている。

「難しいのは、コミュニティのメンバー同士の信頼の回復です。燃やされた家や家財道具は、金さえあれば何とか原状回復できるけれど、お金で信頼を取り戻すことはできません……」

遅れてやってきたガンジー・アスラム・トラストのジェネラル・マネージャー、ナバ・クマールさんが、額の汗をぬぐいながら悩ましげに語る。

「ユニオン評議会（住民からの選挙で選ばれるバングラデシュの基礎自治体）のメンバーは、コミュニティの信頼回復のために、何か活動していないのでしょうか？」

こうたずねると、ナバ・クマールさんは、いすを少し前に引き、身を乗り出して声を潜めながらこう語った。

「実は、ユニオン評議会の議長が数日前に逮捕されましてね……議長はBNP（バングラデシュ民族主義党）なのですが、どうやら、2月28日に暴れたジャマティ・シビールの連中を陰でサポートしていたようです。評議会のメンバー数人も、同じ疑いで今警察の取調べを受けているんですよ。議長のことは私も個人的に知っていますが……あの日、ラジゴンジで大変なことが起こっているらしいと噂を聞いて、私は彼に電話したんです。ノアカリ県の知事などの政府高官も、すぐに必要な対応を取れと彼に指示するために何度も連絡しようとしたようですが、彼の携帯も秘書官の携帯もまったく通じなかった。暴徒を具体的にサポートしていたかはわかりませんが、見て見ぬ振りをしたのは確かだと思います……」

ナバ・クマールさんが小声で話すキナ臭い匂い話に耳を傾けながら、僕は2週間前に目にした風景を思い出していた。鉄パイプで打ち壊され、手製爆弾を投げ込まれ、そして灯油をかけて焼き尽くされた、あのヒンドゥーのコミュニティには家が18軒あった。しかし不思議なことに、そのうち2軒だけが無傷で残った。理由はその2軒の家の裏手に回ってみると察しがつく。すぐ後ろにムスリムの一家が住む家があるのだ。火が燃え移らないように、ヒンドゥー・コミュニティとムスリム・コミュニティの境界付近にあった2軒は、攻撃の対象から除いたのだろう。ちなみに、少数民族の家を除けば、バングラデシュ人の田舎の家の外見は、住人の信仰の違

いではっきりとわかる特徴があるわけではない。従って、村のどの家に、どんな家族が住んでいるのかを知っている誰かの協力がなければ、上記のような手の込んだターゲティングは決してできない。

ぬるくなった茶をすすりながら、僕は暗澹とした気持ちになっていた。これまで村の人々はバングラデシュ独立以来40年にわたり、宗教の違いなど関係なく平和に暮らし、ともに働いてきたのだ。「戦犯問題」を契機とする今回の騒動で、そうした暮らしの基盤となっていた信頼は粉々に壊されてしまったのだろう。修復には相当の月日と忍耐とコミットメントが求められる。そして、ターゲットを絞った攻撃や暴力が起こっているのはノアカリだけではない。チッタゴン、フェニ、ブラモンバリア、ラッシャヒ、ニルファマリなどなど、バングラデシュ全国のあちこちの村で発生しているのだ……。

でも、今はやれることをやるしかない。そのための力を、大勢の友人や同僚の皆から預かっている。少しでも前向きな力をコミュニティの人々の心に灯すことができるはずだ。甘ったるい茶とミシュティ（水飴を濃縮してつくったようなバングラデシュのお菓子）をすきっ腹に流し込んだ僕は、アシムさんが運転するバイクの後部座席にまたがって、ラジゴンジ・ユニオンのアラディノゴル村へと向かった。

現場で人々の声を聴く

途中すれ違うのは青々とした水田、学校帰りの子供たちの楽しげな笑顔、茶屋で井戸端会議に花を咲かすおじさんたち……この地で狂気と暴力が発生したとはとても信じられない風景ばかりだった。田舎道をしばらく行くと見覚えのある橋に目が留まった。橋を渡るとアランディノゴル村だ。

村の入り口には無残に破壊されたヒンドゥーの神々の像を収めた小屋がある。寺院を過ぎると1分もしないうちに、焼けた木々の下、トタンで作った掘っ立て小屋が並ぶ集落が現れる。ここが、攻撃されたヒンドゥ教徒の人々が細々と暮らす

コミュニティだ。家の基礎にするための泥をかごに入れて運んでいた見覚えのある若者が、僕に気付いて駆け寄ってきてくれた。「また来たよ、覚えているかい？」とベンガル語で声をかけると「もちろんですよ。シャゴレル・ボロバイ‼会えて嬉しい」と満面の笑みで応えてくれた。

　彼は今年二十歳になったビカッシュ君。ノアカリ大学で生物学を学ぶ２年生だが、今回の人災で教科書やノートをすべて焼かれてしまい、また、家の修復作業にも忙しく、事件以来大学に行けていないという。教科書を買い揃えるのに5000タカ程度は必要だが、当然そんなお金は彼の家族にない。このコミュニティには、彼のような大学生が他に２人いるらしい。

　ちなみに、僕の名前、"洋一郎"は、初対面のバングラデシュの農村の人々にはなかなか覚えてもらえない。そこで、ベンガル語で「大洋」を意味する「シャゴール」と、「一郎（長男）」を意味する「ボロバイ」を合わせて、「僕の名前をベンガル語に訳すと、"シャゴレル・ボロバイ（海の兄貴）"だよ」とベンガル語で自己紹介すると、老若男女に大いに受けて、すぐに名前を覚えてもらえるのだ（本当の名前が定着することはないのだが……）。

　村には、政府が配給したトタンや、一人当たり4000タカの給付金に加え、今回僕を案内してくれているガンジー・アスラム・トラストや赤新月社（イスラム社会で活動する赤十字社の姉妹組織）等のNGOが、当座必要な食料などの生活必需品を現物で寄付しているため、飢えをしのぐことはできているようだ。昼ごはんを準備中のおばさんは、調理用のなべ、火をつけるためのマッチや燃料なども支給されたと話してくれた。

　前回訪問した際にもこの集落で支援活動をしていたムスリムの女性、シャイーンさんとも再会。「元気かい？　私の家はここから歩いて５分くらいのところだから、毎日通って、手伝いをしているんだ」と相変わらず明るい大声。シャイーン

支援金の用途や生活の様子について被害者に尋ねる著者

さんのカラカラとした笑い声がコミュニティに響くと、雰囲気も少し明るくなる。

　今回の事件で心を痛めているムスリムはシャイーンさんだけではない。ムスリムの教えを大切にするダッカの大学生たちがお金を出し合って集めた10万タカを攻撃されたヒンドゥー・コミュニティに寄付したという話も聞く。一連の事件は、多数派ムスリムによる少数派のヒンドゥー教徒に対する攻撃では決してない。バングラデシュの国としての一体感、宗教や文化の違いを超えた調和を揺るがそうとする一部の指導者と、それに盲従する暴徒がもたらしたものなのだ。

　前回訪問した際、政府からの給付金をもらい損ねていた家庭5軒に対して、僕はそれぞれ5000タカずつの支援を手渡した。まずはその家庭を訪問し、お金がどのように使われているかを尋ねると、一枚900タカのトタンや、ドア（4、5000タカ程度）といった家の資材に使っているケースが多かった。

「もうすぐジョールが来るから、今の状態では小屋がすぐに壊れてしまう。政府から配給されたトタンだけでは足りなかったので、支援をいただいて助かりました」
　と語ってくれたのは、母子家庭のお母さんプリティ・デシュさんだ。ノアカリを含むバングラデシュの多くの地域では、

chapter 11　傷ついたコミュニティを再生するには　215

毎年乾季が終わる4月の中下旬頃、ジョールと呼ばれる猛烈な風雨と雷を伴う嵐がやってくる。多くのバングラデシュ人にとってジョールは、半年以上待ち焦がれた雨をもたらす恵みだが、それは雨風をしのぐ家があっての話だ。掘っ立て小屋ともいえない今の状態から一刻も早く脱却しなければ、赤ちゃんや老人などの命に関わる。

他のご家庭の話を聴いて回ると、家族が病気になったが薬を買う現金がない、燃えてしまった教科書を買わなければならない、職場までの足として使っていた自転車が燃やされてしまったので職場に復帰できないなどなど、さまざまな声が聞こえてくる。

さて、友人や同僚から預かった支援金約160万円相当のうち、持ってきたのは9万タカ（約9万円）。これをどう配分するか？　一通りコミュニティの人々の声を聞いた後、アシムさん、ナバ・クマールさんとともに、地面に座り込んで、配分方法について相談してみた。

「この前、政府からの給付金をもらいそびれた5家庭に対して5000タカをお渡ししたとき大変だったんです。『うちは家族の数が多いのにこれしかもらっていない』とか、『旦那が失業している』とか、『家族のメンバーに障がい者がいる』とか、それぞれ大変な事情があって、全部に耳を傾けながら『正しく、平等な配分って何だろう』と考えていたら、混乱してしまって」

「イケダさんの悩みはよくわかります。確かに彼らは今、切実に現金を必要としていますが、全家族に対して同額ずつ渡していくと、薄く広い配分になってしまい、結局、消耗品にしか使えない額になってしまう。しかも、各家庭の人数や被害額も違うので、均等配分は必ずしも『平等』を意味しません。それに、お金を渡すことで、彼らが働く意欲をそいでしまうかもしれない。この点にも注意が必要でしょう」

被災者名簿を繰りながら悩みを共有してくれたアシムさんに続いて、マネージャーのナバ・クマールさんはこんなアドバイスをくれた。

「一案ですが、たとえば教科書がなくて困っていた学生がいたでしょう。教科書はお金がなくては買えない将来の投資です。彼らに教科書代だといって、渡してみるのもいいかもしれません。あとは、我々が作った被災者名簿を見れば、子供の数や事件発生前の収入がわかるので、この中から、イケダさんが特に優先的に資金を渡すべきだと考える、脆弱な家庭や超貧困家庭に渡されてはどうでしょう」

なるほど、教育費に使うようお願いをして学生に直接渡すというのは一案だ。これから何度も来るのだから確認もできる。あとは、もっとも貧困な家庭の見極めか……僕は被害者の名前や収入、職業、そして被害額が丁寧に記されたリストのページを繰りながら考えていた。

「まぁ、そんなに悩まなくても……我々からも、これはまったくの個人的な善意であって、政府がやるように皆一律という訳にはいかないという事情や、イケダさんのお考えをしっかり彼らに伝えますから。それに、イケダさんがきてくれているだけで皆ハッピーなんですから」

ナバ・クマールさんの言葉に背中を押されて、僕は腰の辺りから、皆の気持ちが詰まった分厚い封筒を取り出した。まずは教科書を必要としている大学生3人だ。一人ひとりに声をかけながら、5000タカずつを手渡した。次に訪問したのは、70歳になるおばあちゃん、ビシュヌ・ラニ・ダシュさんのご一家だ。

ビシュヌさんは夫の先立たれ現在3人息子、3人娘と暮らしている。子供たちはもう20代、30代と十分に大人なのだが一人も結婚していない。訳を尋ねると、「3人娘を嫁に出すのに必要なダウリ（結婚持参金）を支払えない」のだという。ダウリの額を聞くと「20〜30万タカ」という法外な金額。一方、3人息子たちの状況はというと、長男のオジョンドルさんは病院の清掃員の仕事で月給が2500タカ、次男は街の散髪屋で働いており月給2000タカ、三男も清掃員で月給2500タカと、3人足しても7000タカ。3人息子がそろいもそろって結婚しないのは、「自分が結婚したら妻と子供の

面倒を見なければならなくなり、姉・妹・そして老いた母の面倒を見切れなくなってしまうから」という理由。

収入は少ないが家族思いの7人がつつましく暮らしていた家は、30年前、ビシュヌさんの旦那さんが若かった頃に建てたもので、以来、少しずつ家財道具を買いそろえ、それなりに住み心地のいい家だったという。それが、狂信的な無法者による攻撃で、すべてが灰になってしまったのだ。実り豊かだった家の裏のマンゴーの木も、炎に飲まれて今は黒焦げの無残な姿に変わってしまった。

「ビシュヌさん、このお金、あなたとあなたの家族のことを心配する、バングラデシュの、そして世界中の友達から預かった気持ちです。皆、あなたのことを大切に思っています。一日でも早く、元の暮らしが戻ることを祈っています。このお金を家族の幸せのために使ってください」

ビシュヌさんに手渡すと、彼女は「どうか、あなたと、友人の皆さんに祝福がありますように」とささやきながら、その細い手で、僕の頭を優しく撫でてくれた。年老いた母の目には、涙があふれていた。

他に5歳になる一人息子シマント君と暮らす未亡人プリ

ビシュヌさんに支援金を手渡す著者

ティさんのご一家、そして耳と喉に障がいを持つショミール・チャンドラさんとその奥さん、息子のご一家に 2 万タカずつ、ご夫婦と小学校に通う二人娘と高校生の一人息子のビマル・チョンドルさんのご一家に 1 万タカ、そして一月 3500 タカの年金暮らしのマヤ・ラニさんご夫婦に 5000 タカをお渡しし、とりあえず、"腰の重み"はなくなった。

　30 度を超える気温と猛烈な湿気の中では、ファンも付いていないトタンの掘っ建て小屋は蒸し風呂のような暑さだ。額からは汗の粒が間断なく零れ落ち、土の床にその染みを残していく。「腹も減っただろうし、そろそろ引き上げましょう」と声をかけてくれたアシムさんに促されて村を出ようとすると、人々が、「何もないけど、何か食べていってほしい」と手を引っ張ってくる。僕にくれるものがあるなら子供やお年寄りにあげてくれ、と伝えてもまったく聞き入れてもらえない。というわけで、いただいたココナッツの実のジュースを遠慮なく一気飲み。カラカラに乾いた喉にさわやかな果汁が染み渡っていく。

　ランチというには遅すぎる食事を済ませた後、アシムさん、ナバ・クマールさんと固い握手を交わしてノアカリを後にした。夕食の準備のために買い物に出る人々で街道沿いの市場は熱気に満ち、人々が群がるドカン（雑貨屋）は、夕日に照らされた長い影を、乾燥した街路に落としている。次第に深い藍色に染まっていく空を眺めながら、僕はダッカへと向かう「アジア・クラシック」バスに飛び乗り、帰路についた。ダッカの我が家にたどり着いたのは午前零時過ぎ。長くて深い一日の幕を、抗いがたい眠気と心地よい疲れが、すぐに下ろしてくれた。

集まった「志」でできたこと

　バングラデシュ国内外の友人や先輩方から預かった総額 160 万 5550 円相当の志を届け始めてから約 3 ヶ月が過ぎた。この間、頻発する暴動と悪化する治安、そして本業の合間を縫ってノアカリの集落に訪問を続けた。事件発生直後は、

徹底的に破壊された家々や寺院の跡が痛々しく、焼け焦げた匂いで満ちていた集落だが、コミュニティの人々は、支援を活用して生活の基盤を少しずつ取り戻していった。

　4月初旬に訪問したおり、再会した大学生のビカッシュ君は、僕から受け取ったお金で買った新品の分厚い教科書を見せながら、「家の修理もだいたい目処がついたので、今は学校に通えています」と笑顔で語ってくれた。「バングラデシュの未来をつくるのは、君たち大学生だからね」と声をかけながら交わした握手の力強さは、僕の手にしっかりと残っている。
　この集落を訪問する都度、手渡した1万タカなり2万タカがどのように使われたのか、各家庭を回って確認してきた。よく耳にするのは、ドアや柱といった家の資材、ベッドや椅子などの家具、あるいは医薬品の購入に充てたという話。コミュニティの人々は酷い人災に見舞われたが、不幸中の幸いだったのは、怪我人や死者が出なかったこと。つまり、住環境さえ整えば、それぞれの学校や職場に復帰でき、自らの力で何とか生き抜いていくことはできるだろう。

　問題は、彼らの日当や給与レベルでは、家族の「衣」と「食」を賄うだけで精一杯であるため、まとまった家財道具を取り揃える余裕が生まれないことだ。何しろ、親の代から受け継いできた資産のすべてを失った人がほとんどなのだから。こうした状況を少しでも変えるために、ガンジー・アスラム・トラストの力も借りて、被害を受けたコミュニティの40家族に対して提供したのが「Happy Box」と名づけたダンボール箱だ。
「Happy Box」には、5人家族向けのグラス、お皿、トイレを流すための桶、洗濯やシャワーに使う大き目のバケツ、水がめ、お米を蒸すための釜、カレーを調理する際に使う調理用スプーン、そして蚊帳といった、バングラデシュの一般家庭には必ず備わっている生活必需品が詰まっている。NGOのスタッフが卸売業者から大量に仕入れ、各家庭ごとに別々の段ボール箱に詰めてくれたのだ。4月中旬に村を訪問した折には、「Happy Box」を荷台に山積みにしたトラックで乗

（左）被害者に手渡した Happy Box の中身
（右）被災者に石鹸を手渡す著者

り込み、各家庭に直接届けて回った。ちなみに、一箱分に要した金額は4280タカだ。

　また、雨季を前にして集落の衛生環境の悪化が懸念された中、コミュニティの公衆衛生を改善するために、各家庭に新品のトイレを設置。5月の末に訪問した際には、石鹸を200個買い込んで集落に持ち込み、各家庭に配布した。トイレの整備にはまとまった資金が必要なため後回しにされがちだが、「垂れ流し」の状況が続けば、病気の蔓延につながりかねない。また資金に余裕のある一部の家だけが据え付けたとしても、狭い土地に100人以上が住んでいるコミュニティの衛生環境は改善しない。そして、病はせっかく軌道に乗った復興に水を差す。

　というわけで、友人・知人から寄せられたお金を用いて、現地の業者と契約し、現地で日々活動しているガンジー・アスラム・トラストによるモニタリングのもとで衛生的な簡易トイレ設置を35個設置した。要した資金はトイレ一つにつき1万4800タカ。耐用年数は5年。6月末にすべてが完成した。トイレとあわせて支援したのが、破壊された2件のヒンドゥー寺院の修復。村の人々の信仰の拠り所を取り戻せるよう、それぞれの管理者に5万タカを手渡した。

　過激派の襲撃を受けたヒンドゥー教徒の集落については、当初、新聞・テレビで大きく取り上げられたが、高まる政情不安や第8章で紹介したサバールのビル倒壊事件などもあり、

その後あまり光が当たらなくなっていた。しかし、少なくともラジゴンジ・ユニオンのアラディノゴル村に関しては、友人・知人らからの支援とガンジー・アスラム・トラストの協力のおかげで、生活の再建は少しずつだが前進を見た。一方で、コミュニティの間で失われた信頼の再構築は、僕がバングラデシュに滞在した間はほとんど進まなかった。

信頼を築き直すために

　当初、ガンジー・アスラム・トラストは、ラジゴンジ・ユニオンのムスリム、ヒンドゥー双方の宗教リーダー、学校の先生、被害を受けた家族の代表、その近隣のムスリム集落の代表などを集めて、「マイノリティへの攻撃が二度と起こらないようにするために何が必要か」、「そのために一人ひとりができることは何か？」といったテーマについて、落ち着いた環境でじっくりと対話をするためのフォーラムを継続的に実施する予定だった。

　しかし、戦犯問題や年末の選挙の実施方法などをめぐり、与野党、さらにはチッタゴンに拠点をおく宗教団体ヒファジャット・イスラムと警官隊・治安維持部隊との衝突がその頻度とスケールを増していく中、対話の機会を持つことができないでいた。

　攻撃を受けた集落と、その近隣のムスリム・コミュニティとは徒歩1分くらいしか離れていないこと、地元の人間の協力がなければターゲットを絞った攻撃はできなかったことを考えれば、継続的な対話の機会が確保されなければ、お互いの関係はギクシャクしたままとなり、被害者側としては、心を落ち着かせて生活をすることは難しいだろう。ガンジー・アスラム・トラストのジェネラル・マネージャーのナバ・クマール氏は、フォーラムに参加予定のメンバーへの個別の働きかけを続けながら、国全体の状況も見つつ、フォーラム再開の機会をうかがっていた。

　5月の末、村での活動を終えたあと、実働部隊として二人三脚で支援を提供してくれたアシムさん、そして責任者のナ

ガンジー・アスラム・トラストの
事務所に掲げられたガンジーの
メッセージ

　バ・クマール氏に伴われて、ガンジー・アスラム・トラストの本部を訪問した。
　美しい木々に囲まれ、澄んだ池のほとりに佇むガンジー・アスラム・トラストの施設では、マハトマ・ガンジーのトレードマークでもある糸紡ぎ車を回しながらテーブル・クロスなどを編んでいる女性——その多くは未亡人や障がいを持つ女性たち——の姿とともに、ガンジーが人類に残した数々の至言が掲げられている。

「Use Hands, Not for Destruction, But for Construction」
（手を動かそう、破壊のためでなく、建設のために）
「Say "No" to Violence, Violence Solves No Problem」
（暴力に No と言おう、暴力はいかなる問題も解決しない）
「Politics without Principle/ Worship without Sacrifice/ Commerce without Morality, cause violence」
（暴力をもたらすものは、原理原則なき政治、犠牲心なき信仰、道徳心なき商売）

　凶弾に倒れたガンジーが世を去ってから60年を経てなお、現状にあまりにも大きな示唆を与えるメッセージを前に、思わず足をとめる。今のバングラデシュ、そして世界の状況を、マハトマ・ガンジーは心から憂いていることだろう。

chapter 11　傷ついたコミュニティを再生するには　223

残念ながら、いつの時代になっても、暴力、偏見、差別は人々の心の中からなくならない。きっと僕の心のどこかにも、そういう悪魔が巣食っているのだろう。人間が本質的に持つ負の感情が、政治的・経済的な動機と結びついて扇動された時、マイノリティへの攻撃という人災が発生する。そのような事件は歴史を振り返り、地球儀を回して見れば山ほど見つかり、また日本だって、その例外ではない。

　でも、天災や疫病と違って、こうした事件は人間が起こすものだから、その解決も人間に委ねられているはずだ。人間が右脳を使って生み出す共感力や想像力を軸に、左脳を使って作り出した、たとえばウェブ等の新しい技術を使いこなして、自身を取り巻くさまざまな壁を乗り越えていけば、一人ひとりが問題を解決する主体になれるはずだ。

　今回、僕がノアカリの人々に届けたのは、生活を再建するための元手であると同時に、言われのない暴力に突然襲われた人々の痛みに対する共感であり、多様性や異なる価値観への寛容さを大切にする想いだ。そんな気持ちを僕に預けてくれた友人たちと、村の人々とは、それぞれの生涯を通じて、直接出会うことはたぶんないだろう。でも、僕がこのときバングラデシュで見上げていた空と、東京やワシントンで見える空はつながっている。そして、身の回りにあるさまざまな壁や物理的な距離の存在にもかかわらず、ひとつの空の下で、人々も、実はつながっているのだ。

chapter

12

災害に何を備え、
どう対処するか

What can we do to brace for and respond to natural disasters?

［災害対策］

もう一つの現場へ

「3月22日午後5時ごろ、ブラモンバリア県で巨大な竜巻が発生、約30人が死亡、500名が重軽傷、数千世帯が全壊」

過激派の攻撃を受けたノアカリ県のヒンドゥー教徒コミュニティ再建のために支援に乗り出した僕。ノアカリとダッカの2度目の往復を終えたその翌週、新聞の一面にまたしてもショッキングなニュースが載った。

バングラデシュはいわずと知れた災害多発国。1970年から2009年までの約40年間で、126のサイクロン、5回の旱魃、75回の大洪水、7回の地震に見舞われ、死者総数は51万6000人、被災者総数は3億7600万人に上る[1]。たとえば、2007年11月に死者4234人、負傷者約5万5000人、倒壊家屋150万、GDPの2.8%及ぶ経済損失という壊滅的な被害をもたらしたサイクロン、Sidr（シドール）[2] は記憶に新しい。また、あまり知られていないが、冬の寒波で北部を中心に毎年大勢の死者が出るほか、東部の丘陵地帯では大雨による土砂崩れの被害が発生する。

バングラデシュ政府や世銀・JICAなどの開発パートナーも、緊急支援に加えて事前の備えの強化にも力を入れており、沿岸部を中心としたサイクロン・シェルター建設、護岸壁の構築、そして早期警戒制度の整備によって、以前と比べてサイクロンの死傷者が減っているといった成果も出ている。しかし、リソースは限られており対策は道半ばだ。

竜巻の被害を報じる新聞記事を繰りながら、津波にすべてをさらわれた東北の風景や、2005年8月のハリケーン・カトリーナで最も大きな被害を受けた米国ニューオリンズの第9地区の風景が、その土地を訪れた際に人々と交わした言葉や、胸に吸い込んだ誇りっぽい空気、そして冷たい瓦礫の重さとともに、脳裏に鮮明に蘇ってくる。

「行こう、人々のもとへ」

---

[1] EM-DAT, International Disaster Database 2010

[2] World Bank "EMERGENCY 2007 CYCLONE RECOVERY & RESTORATION PROJECT, Project Appraisal Document"

心を決めるまでにほとんど時間は必要なかった。僕の手元には、過激派の攻撃を受けたヒンドゥー・コミュニティ再建のために友人や同僚から預かっている資金がある。支援を募り始めて2週間少々で、その額は想定を大きく上回り、160万円を超えていた。この一部を、竜巻の被災者の生活再建に役立てられないだろうか。

　早速、まとまったお金をくれた友人に当初の目的外の資金利用について相談のメールを送る。すぐに「池田君が正しいと思うことに使ってください」という心強い返信をもらった。多くの友人や同僚たちの賛同に力を得た僕は、竜巻が発生した翌週末、3月29日金曜日の朝一番の列車でブラモンバリアに向かうべく、ダッカ中央駅を発った。

　電車に揺られること3時間、ブラモンバリアに到着したのは午前11時前だった。ブラモンバリアは、大都市の活気と地方都市の穏やかさがほどよく調和した街だ。とりあえず駅前のドカン（茶店）で一杯5タカ（約5円）の甘いお茶でのどを潤す。ここで現地で活躍する青年海外協力隊の友人と合流し、竜巻の被害にあった地域へとCNG（天然ガスで動くオート3輪）で向かった。

　竜巻が発生した日、ブラモンバリアの天気は異常だった。真夏日だと思ったら急に雲行きが怪しくなって気温が下がり、季節はずれの雹（ひょう）が降ったという。その後しばらくして発生し

た巨大な竜巻が時速70キロのスピードで約8キロを南北に移動し、8つの村々と田畑を壊滅させたのだ。

「過激派に襲われたノアカリの村は小さな集落でしたけど、こちらは広範囲がやられているので、どこから手をつけていいのか、悩ましいと思います……」

既に被災地に何度も入っている協力隊の友人の説明を聞きながらCNGを20分ほど走らせていると、突如風景が一変した。街道沿いの街路樹が立ち枯れた冬の木立のようになっている。枝もやけに短く途中から引きちぎられたような痛々しい姿だ。さらに根元から引き抜かれた大木の姿も目に飛び込んでくる。いよいよ被災地に入ったのだ。

傷ついた若き大黒柱

今回僕らが訪れたのは、ブラモンバリア県の県庁所在地圏内（ショドール）にある人口2000人程度のジャルイルトラ村。街道から村へ入ると、服を荷台に山ほど積んだトラックの周りに大勢の人が群がっている。聞けば隣のコミラ県の市民が、被災者向けに寄付した服を運んできたという。ほかにも大勢のボランティアが市民から募った食料や生活必需品を被災地に運んでいるそうだ。「困ったときはお互い様」、「とにかく、自分たちができることをまずやろう！」そんな想いでつながる相互扶助のネットワークが全国津々浦々のコミュニティに繁茂するバングラデシュの強みは、ここでも健在だ。

心温まる風景はしかし、全壊したトタン家屋の瓦礫が一面に広がる強烈な風景にすぐに取って代わられた。行けども行けども、瓦礫の山。圧倒的な自然の力と、人々の苦しみを前に、途方にくれている自分がいる。今はただ、目の前の光景を直視するしかない。

瓦礫の山の中に、政府が配給した小さなテントが張られている。被災地の人々は、ただ黙々と、瓦礫を片付け、あるいは、支援に入っている現地のNGOや市民団体のメンバーらしき人々に被害の状況を淡々と語っていた。僕らは最初、ただただ歩いた。歩くしかなかった。誰にどう声をかけたらよいの

竜巻被災地の様子

か、どこから何をしたらよいのか、わかるはずもなかった。

　暑い。汗が次々と滴り落ちる。どうしよう。誰に対して何をしたらいいのかわからないけれど、とにかく、話を聞かないことには始まらない。ちょうどすれ違った村のおじさんに、病院に行けずに残っている怪我人は村にいないか尋ねると、一軒のテントへと連れて行ってくれた。

　テントの中には、瓦礫の山から何とか見つけ出した、わずかばかりの家財道具以外は、ほとんど何もない。そこに一人の若者が母親に付き添われて横たわっていた。大怪我をして横たわっていたのは、この一家の長男であり、今年18歳になるジュルハッシュ君だった。母親のファティマさんの話では、ジュルハッシュ君は、母と障がいを抱える父、そして3人の弟と3人の妹を、家具作りの仕事をしながら支える一家の大黒柱だった。ところが、仕事をしている最中に竜巻に襲われ、全壊した工房に押しつぶされて重症を負ってしまったのだ。

　病院にいかなければならないのは百も承知だが、治療費はおろか、郡病院にいくための交通費すらおぼつかない。このままジュルハッシュ君に治療が施されなければ、彼だけでなく家族全員の命が危うい。ジュルハッシュ君の叔父さんに当たるザキールさんが駆けつけて、当座の食料などの面倒を見

てくれているが、ザキールさんが暮らす隣の郡、アカウラも竜巻の被害を受けており、彼の家にも余裕はない。一刻を争う状況を前に、僕は友人たちから預かったお金のうち、2万タカをジュルハッシュ君に握らせ、耳元で若き大黒柱に伝えた。

「ジュルハッシュ、大丈夫。絶対によくなる。君は、両親と妹・弟を守ってきた強い長男なんだから。このお金、君の家族を心配する大勢の友人から預かったものだ。これですぐに病院に行って、治療を受けてきてくれ。2、3週間後に戻ってくるから、そしたら元気な姿を見せてくれよ」

叔父さんのザキールさんにも、今日中に必ず病院まで連れて行くように伝え、僕らはそのテントを出た。眼前には途方もない瓦礫の山が広がっている。しかし、瓦礫に圧倒されていても、状況は何一つわからないし、変わらない。人の話に耳を傾けなければ。他に怪我人は？　特に、一家を支える働き手の怪我人はいないか？　僕は、重傷を負ったものの病院に行けず応急処置だけで寝込んでいるメンバーを抱える家庭を探しまわった。

この日、二番目にお邪魔したご家庭のご主人、24歳のロトン・ミヤさんは、竜巻に巻き込まれながらも九死に一生を得た一人だ。大工仕事で得ていた一月1万2000タカ（約1万2000円）の稼ぎで、奥さんのシリーナさん、7歳になる長男のアルファット君、5歳の次男リファット君、そして8ヶ月前に生まれたばかりのナディアちゃんを養っていた。ロトンさんは、その日も仲間とともに現場に入っていたが、突然の竜巻で倒壊した建物の下敷きになり、全身に傷を負ったほか右足を骨折した。一緒に働いていた5人の仲間は、吹き飛ばされ、あるいは建物に押しつぶされて亡くなったという。

家族みなが無事だったのは何よりだったが、ロトンさんは松葉杖がなければ歩くことができず、骨折した右足には包帯が無造作に巻かれているだけで、ギプスもつけられていない。被災地では大工仕事は引く手数多だろうが、これでは仕事に復帰できそうにない。しかし、病院でまともな治療を受けるための現金は一家にはない。そんなロトンさんに激励の言葉を添えて1万タカを手渡した。

群がる人々の狭間で

　ロトンさんのテントから出ると、いつの間にか大勢の村人たちが集まっている。ジャルイルトラ村に着いてから、かれこれ１時間。村人たちの間に、外国人がカンパを持ってやってきた、という噂が広まったのだろう。
　「私のテントに来てください」、「いや、うちが先だ！」、「この子の足を見て！　こんなに酷く怪我をしている！」……みな、口々に窮状を訴え、僕の腕を引っ張る。ノアカリでの活動とは違って、現地でパートナーになってくれるNGOもいない。取りあえず手を引かれるままにテントに入り、人々の話に耳を傾けるものの、どれも厳しい話ばかり。優先順位は付けがたい。しかし、このままでは僕と偶然出会った、声の大きな家庭にカンパを手渡していくことになってしまう。意味がないとは言わないが、もう少し工夫の余地はないだろうか。
　思案に暮れていると、ジュマのお祈り（金曜日の正午過ぎに行われるもっとも大切なお祈り）の開始を告げるアザーンが、村にこだましているのに気付く。これから、この村の男性全員がモスクに集まる。ひょっとしたら全体感がより良くつかめるかもしれない……そんな希望を胸に、瓦礫の山を越えて、モスクに向かった。ほとんど無傷だったモスクでは、大勢の村人たちが、純白の帽子とパンジャビに身を包んで祈りをささげている。

　お祈りを終えて三々五々、家々に散っていく人々の中に、見覚えのある顔を見つけた。周囲に抱えられ、ぐったりとした表情のあの若者は……さっき病院にいくために２万タカを渡した「18歳の大黒柱」ジュルハッシュ君じゃないか!?
　「なんで彼はここにいるの？　お祈りが大事なのはわかるけど、動かしたら余計悪くなるじゃないか。早く病院に連れて行ってよ！」
　と詰め寄る僕に、彼を支える周囲の人々は、
　「いやいや、彼の状態が大変よろしくないので、一緒にお祈りをしていたんだよ。病院には後で行きますから」
　という返事。何ということだろう！　ジュルハッシュ君は

自力で起き上がることもできないのに、モスクに運んでいってお祈りするなんて……これでは治るものも治らない。一刻も早く病院に連れて行くように拙いベンガル語でワーワー言っている僕の耳に、「どうしましたか？」と綺麗な英語が飛び込んできた。振り返ると、一人の紳士が立っている。事の経緯を語ると、これまたパーフェクトな英語で丁寧に応えてくれた。

「村を代表して、あなたと、あなたのご友人の皆さんに、心から感謝します。私の名前はモニール・ホッサン。イスラム銀行のダッカ本店でマネージャーをしていますが、私はこの村で生まれ育ちました。実家はすぐ近くです。今回私の村が被災したので、金曜日朝一番の列車でダッカから戻ってきたわけです。え⁉　あなたもあの列車に乗って来たんですか。本当に感謝してもしきれません。幸い我が家は何とかつぶれずにすんだので、中でもっと詳しく話をしませんか？　大丈夫、彼らには今すぐジュルハッシュを病院に運ぶよう、私からも伝えましたので」

　バングラデシュ有数の大銀行のマネージャーだけあって、モニールさんの実家はコンクリートでできた立派な家だった。庭はなぎ倒された大木や倒壊した納屋で足の踏み場もないが、家の中はほぼ無傷だ。冷たいジュースをご馳走になりながら、僕はモニールさんに相談した。
「村の皆さん全員が、本当に大変なのはよくわかります。ただ、今日持ってきているカンパにも限りがあるので、重傷者を抱えながらもお金がなくて必要な治療が受けられないでいる家族、特に、一家の中での稼ぎ手がそのような状況に陥っている家族を、優先的に支援したいと思っているのですが、状況がつかみきれません。力を貸してください」
　すると、モニールさんは僕の手を握り、「全面的に協力する」と力強くうなずいてくれた。村の様子を知り尽くした強力なパートナーを得た僕は、瓦礫の山の中で頼りなげに並ぶテントの群れへと戻った。

　モニールさんに伴われて最初に訪問したテントでは、老婆が一人うずくまっていた。目はうつろで焦点が定まっていない。

「このお婆さんは、今年70歳になるジャハナラ・ベグムさんといいます。この一家は私の知る限り、村の中で一番厳しい状態でしょう」とモニールさん。

　なんでも、息子は数年前に土地を売って得た資金で飛行機のチケットを買って、サウジアラビアに出稼ぎに出ているが、職が見つからないようで、まとまった仕送りが来ていない。年老いたジャハナラさんと、お嫁さんのリナさん、そしてジャハナラさんの孫に当たる二人娘、ファヒムちゃんとソニアちゃんの4人で暮らしていたところに、竜巻が襲ったのだ。家はなぎ倒され、下敷きになったファヒムちゃんは亡くなり、リナさんとソニアちゃんは重傷を負って入院中だが手術費用が払えないという。一方、中東の地で悪夢のような知らせを聞いたジャハナラさんの息子は、卒倒するほどショックを受け、すぐに帰国したい思いでいっぱいだが、帰りの航空券を買うお金がないので、今はただ異国で職探しに励むしかない。娘の一人を失い、残された娘と妻が生死の境にあるにもかかわらず。

　あまりにも厳しい現実に、ジャハナラさんにかける言葉がない……とにかく、リナさんとソニアちゃんの治療のために使ってほしいと告げて2万タカをお渡しすると、ボロボロ涙をこぼしなら何かをつぶやいているが、よく聞き取れない。モニールさんも、沈痛な表情で立ち尽くしている。

　モニールさんの話では、政府からはテントに加えて、被災者一人当たり3000タカ、死亡者一人当たり2万タカの見舞

テントの中で竜巻被災者の声に耳を傾ける著者

金が支給されているらしい。しかし、これだけでは大きな手術代や長期にわたる入院費用は賄いきれない。また、被災者が生活を持続的に再建するには、仕事を始める元手が必要だが、それも彼らにはない。

　次に出会った36歳のダナ・ミヤさんは、まさにそんな苦難のどん底にあった。瓦礫の上にぼんやりと座っていたダナさんは、18年間サウジアラビアで出稼ぎをして稼いだお金で家を建て、奥さんのムクセーダさん、12歳になった長女のムルセリンちゃん、そして8歳の末娘のムスタリスちゃんと暮らしていたが、竜巻は長年かけて作り上げてきた一家の幸せを一瞬して奪った。ムスタリスちゃんは倒壊した家の下敷きになって亡くなり、奥さんと長女は郡病院でも治療ができないほどの重傷を負って、ダッカ市内の大学病院に緊急移送された。
　貯金はないのかとたずねると、竜巻被害に遭う3日前、新しい仕事を始めるために10万タカをかけて買ったオート・リキシャと、当座の入院代ですべてなくなったという。そして買ったばかりのオート・リキシャも竜巻で壊れてしまって動かない……本当に辛い。ダナさんの手を握り、肩をたたきながら奥さんと娘さんの一日も早い回復を祈って2万タカをお渡しする。ダナさんは御礼を繰り返すも、その表情は硬いままだった。

　瓦礫の中を歩き回り、被災者の声に耳を傾け、モニールさんの助けを借りながら最も厳しい苦難の元にある家庭に義捐金を手渡していくこと数時間、ダッカから持ってきた10万タカ入りの封筒が空になった頃には、夕方の涼しい風が吹き始めていた。「また戻ってきます」。そう約束して別れたモニールさんに見送られて村を後にしながら、改めて、災害に対する備えの大切さを思い知った気がした。

　世の中から竜巻をなくすことはできない。しかし、もしもジャルイルトラ村の家々の多くが、モニールさんのご実家のようなコンクリートの、あるいはレンガ造りの家だったら、僕が目にした被災地の風景は、だいぶ違うものだっただろう。

また、真夏日に発生する突然の雹といった竜巻発生の予兆に関する蓄積がコミュニティにあり、モスクのメガフォン等を使って村人に避難を呼びかけていたら、僕が耳した悲惨なストーリーの数はもっと少なかっただろう。あるいは、政府が支給しなければならない見舞金やテントの数もぐっと少なくて済んだだろう。

特に人の命がかかっている局面でのタイムリーな緊急支援は大切だ。これでテントや病院のベッドで寝たきりだった人が、必要な治療を受けることができる。しかし、被災地の人々が、義捐金で家の修理のために昔と同じトタンを買うだけだったら、次の竜巻や台風で同じような目に遭うだけだ。彼らがトタンではなくレンガを、さらにはコンクリートで我が家の壁を作る力を得るためには、それに必要な資金を手にするための仕事と、忘れた頃にやってくる災害に対する感度をコミュニティ全体で高めていくことが欠かせない。

自立再建への長い道

それから2ヶ月、3回にわたって僕は支援金を手にブラモンバリアの被災地に入った。

前章で触れた過激派の襲撃を受けたノアカリのヒンドゥー集落に比べると、ブラモンバリアは被害を受けた地域の広さ、被災者の数の多さから、限られた資源の配分は常に悩ましく、毎回、去り際に何となくわだかまりが残るような気持ちにさせられた。

それでも、やっぱりこの村に関わって良かったと思えたのは、冷静さを保ちながらも情熱的かつ献身的に、自分が生まれ育った村の復興のために力を貸してくれたモニールさんの存在が大きい。そしてもちろん、家族や家財を失いながらも、わずかな元手で怪我や苦難を乗り越え、前進する姿勢を見せてくれている村の人たちの姿も。

たとえば、18歳の大黒柱、ジュルハッシュ君。4月末に訪問した際に再会した。思った以上にすらりとした長身の彼は、まだ首の後ろに痛みがあると訴えながらも、見違えて元気になっていた。渡した資金で必要な手当てを郡病院で受け

たそうだ。医師の話では、あと1ヶ月ほど安静にしていれば、大工仕事に復帰することもできそうだと語った。

　18年間サウジアラビアで出稼ぎしたお金で建てた家と、購入したばかりのオートリキシャを竜巻で壊された挙句、末の娘を亡くし、奥さんと長女も重傷を負ったダナ・ミヤさんの絶望的な表情は忘れることができない。
　しかし、彼も、そして彼の家族も強かった。渡した2万タカを使ってオートリキシャを修理したダナ・ミヤさんは、テント暮らしを続けながら、すぐに村の周辺で仕事を始めた。僕が訪れたとき娘さんはまだ入院中だったが、容態は落ち着いたと聞いた。そして、奥さんは無事退院。顔の傷が痛々しかったが、笑顔の美しい人だった。
　「修理したオートリキシャを見せてください」と頼むと、嬉しそうに新品同然の車を見せてくれた。「村の周辺を案内するから、後ろに乗って！」という誘いに、「いやいや、燃料代もかかるでしょうし、仕事のためにとっておいてください」と丁寧に断ると、とても残念そう。彼の家は、まだトタン板と柱だけの掘っ立て小屋で、家財は何もない。重篤な状況ではないとはいえ、入院中の娘さんのことも気がかりだろう。
　しかし、再会したダナ・ミヤさんの口からは、さらなる助けを求める声はまったく聞かれなかった。前向きな表情で「では、また仕事に行ってきます」と言ってオート・リキシャのエンジンをかける彼の後姿は、とても清々しかった。

　被災した1週間後に訪問した際には瓦礫の山だった村には、2か月後、夏の陽光がまぶしく反射する新品のトタン屋根が並んでいた。政府の支援に加え、大手財閥のボシュンダラ・グループやモネム・グループがCSR活動の一環として、被災者の住居再建のために資金提供していることもあり、復興は思ったよりも速いスピードで進んでいるように見えた。
　ブラモンバリアの被災地は、被災者が明日必要な食の確保と負傷者の手当てという「緊急支援のフェーズ」を超え、雨風がしのげてプライバシーを確保できる「住」の建設のための「復興のフェーズ」の中にあった。なかには、被災者自身がかつてのように仕事に就き家族を養っていく「自立再建の

フェーズ」に移りつつある家庭もあった。ダナ・ミヤさんのケースは、外部からの支援を梃子にスムーズに移行できた好例と言えるだろう。

　しかし、多くの家庭の状況を見ると、自立再建のフェーズへの移行は容易ではなさそうだった。
　まず、村の多くの旦那衆は農家（他人の農地で仕事をして日当をもらう、いわゆる"土地なし農家"）やリキシャ引き、あるいは大工などの肉体労働に従事していたが、怪我が完治しなければ、こうした仕事に戻ることはできない。しかし、まとまったお金が手元にないため、定期的に医師の元に通い十分な薬を得ることができず、回復が遅れる。なかなか体が回復しないため、仕事に復帰できない。仕事に復帰できないからお金が入らず、回復がまた遅れる……という悪循環に陥っていた。
　5人の子供に恵まれたジアウル・イスラムさんは、別な悩みを抱える。彼はブラモンバリアとダッカなどを結ぶ長距離バスの車掌をしていた。幸い家族そろって怪我はなかったが、家は全壊の被害を受けた。修理にはまとまった資金が必要だが、そのために仕事に出ようとすると2、3日家を空けなければならない。しかし、鍵すらまともにかけられない掘っ立て小屋に幼い子供たちと妻だけを残しておくのは心配だし、自分が家を空けていたら、家の修復は進まない。家の修復が進まないから長距離バスの仕事に復帰できない。これまた悪循環だ。
　あるいは、もともと家族の誰かが糖尿病などの慢性疾患を患っていた場合も厳しい。仮にある程度の援助資金を受け取っても、それは薬代に消えてしまい、本人や家族が自立再建のフェーズへと移行していくための力にはなりにくいからだ。

　こういう問題を抱える家庭が多いために、援助資金へのニーズは一向になくならない。事実、訪問回数を重ねるうちに、すっかり顔を村中の人々に覚えられ、村に入った途端に、それぞれの窮状を訴える陳情の人だかりができる。しかし、これらにすべて応えると、各人が手にするお金は、日常品の消費で消えてしまう程度となってしまう。また、「彼が来ると

お金がもらえる」という期待が人々の間に定着してしまったとしたら、僕の存在はむしろ、「自立再建」のフェーズに人々が移行するための足かせになってしまう可能性すらある。

　4回目の被災地訪問の際に、「広く薄く」の配分ではなく、村で雑貨屋を経営した経験のある2人の主人、シャハラム・ミヤさんとジアウル・イスラムさんのみに対して、ビジネス再開のための支度金として3万タカという多額の資金を手渡すことにしたのは、こうした問題意識が高まったためだ。彼らのビジネスがうまく軌道に乗り、雑貨屋の手伝いのような形で雇用を生むことになれば、彼らの家族を超えて、「自立再建」のフェーズの後押しになるだろう。

手探りの支援活動で得た教訓

　いろいろ悩ましいことが多かったが、とにかく数ヶ月のうちに、前章で触れたノアカリへの支援とも並行して支援活動を続け、友人や同僚たちから集めた総額160万5550円を、現金、あるいは「Happy Box」やトイレのような現物支給の形で、現地の人々の手に全額届けることができた。
　これだけの額の現金を他人から直接預かり、それを物理的に（腰巻に忍ばせて）運び、コミュニティを歩き回り、人の話を聞き回って状況を観察・把握し、困窮した人々の前で"札束"を取り出し、手渡し、さらに数ヶ月にわたってその土地や人々を定点観測するなどという経験は、世銀や財務省の仕事ではなかったし、人生でも初めてのことだった。最初はどんな地域なのか、被害の状況がどうなっているのか、まったく見当がつかなかった。とにかく飛び込んで、走りながら考えたというのが正直なところだ。
　でも、だからこそ、世銀や財務省のような場所で仕事をしていたのでは、（知識としては読んだり聞いたりしたことはあっても）実感として、自分の脳とハートに刻み込まれることはなかったであろう、さまざまな教訓や気付きを得ることができたと思う。それらを列挙すると、たとえばこんな感じになるだろう。

◎近すぎず遠すぎないパートナーをいかに見つけるか

　支援の対象となる人々やコミュニティとの長年にわたる接点を持ちながらも、現地の人間関係からは一定の距離を保っているパートナーを得ることができるかは、プロジェクトや支援を効果的、効率的に実施する上で決定的に重要だ。自分ひとりで飛び込んでも、被害の大きさに圧倒されたり、大勢の被災者に囲まれたりして身動きが取れなくなるし、何が本当で何が誇張された話なのか、見当がつかない。

　ノアカリの村では、破壊された家の前で涙ながらに窮状を訴えてきた中年の女性がいたが、実はその一家は集落一の金持ちで、集落の外に別途マンションを持っていた。こうしたことはガンジー・アスラム・トラストのスタッフがいてくれたからこそわかったことだ。また、ブラモンバリアの被災地では、同行してくれたモニールさんの助けがなければ、病院に担ぎ込まれた重病人のいる、たとえばダナ・ミヤさんのような家庭について、支援の対象に加えることはできなかったかもしれない。僕にとって幸運だったのは、ノアカリではガンジー・アスラム・トラスト、ブラモンバリアではモニールさんという、その地と長年の接点のある組織・個人をパートナーとして得ることができたことだろう。

　一方で、現場からのある程度の距離も、重要なのだ。たとえば、自分が支援対象の村の一員だったら、「佐藤さんの一家には30万円あげるけれど、後藤さんのお宅は5000円」という差別化・重点化ができるだろうか？　感謝よりも文句や非難を受けることのほうが多くなってしまうかもしれない。本人にそのつもりはなくても、「親類や友人だから優遇したのだろう」という誹謗中傷を受けるかもしれない。

　実際この問題は、ブラモンバリアの竜巻被災地で発生しかけていた。当初、村人の「陳情先」は僕だったが、モニールさんが僕の意思決定に影響を及ぼしていることはすぐに知れ、次第に「陳情先」はモニールさんのほうにシフトしていった。時には、大勢の人が彼の実家に詰め掛け、配分方法をめぐって口論になり、騒然とした雰囲気になったこともあった。

　モニールさんは、現在はダッカで暮らしているとはいえ、被災地の人々とは生まれてからずっと近所づきあいがあるし、

村の実家にはご両親が住んでいる。人々との付き合いは以後も続くだろう。つまり、現地の生態系に組み込まれた一個人なのだ。彼は効果的な配分方法について一生懸命考えてくれたが、やはり見ていてとても辛そうだったし、こうした状況が続けば、彼を中心に、これまでコミュニティにはなかった、ゆがんだ資源配分のメカニズムができてしまいそうな予感がした。

　この点、ガンジー・アスラム・トラストのスタッフは、いい意味で「外部者」として、村の人々との距離を保つことができる立場にあった。だから、配分の差別化が必要な局面においても、彼らが個人として非難や陳情の的にはなりにくい。

　対象に対して、「冷静と情熱の間」を保つことのできる立場にあるパートナーを見出すこと、これは、今回のような草の根の被災地支援だけでなく、たとえば新興国への直接投資といったケースでも、成否に大きな影響を及ぼす要素ではないだろうか。

◎フェーズと目的と規模に応じた最適配分をどう考えるか

　資源はいつも限られている。だからこそ、可能な限り有効かつ公平に使いたい。しかし、有効性と公平性の衝突から逃れることは、たいていの場合難しい。僕自身、今回現地に行くまでは、「実際に村人に集まってもらって、彼らに決めてもらえばよい。そうすれば、重点配分にせよ、広く薄くにせよ、皆が納得いく結果が得られるだろう」と考えていた。でも、現場に現金をぶら下げて入った瞬間に、これがいかに甘い考えだったか思い知った。

　当然ながら、支援の対象となる人たちに自ら支援金の分配方法を決めてもらうには、対象者全員が実質的な議論ができる場と時間の設定だけでなく、議論のまとめ役の確保、意思決定方法などを含めて、あらかじめ参加型で決めておかねばならず、相当の時間を要する。村のどこに井戸をつくるか、という話ならともかく、災害や暴動後、速やかに原状回復を図らなければならないフェーズでは、活用できない。

　結局必要だったのは、現地のパートナーとともに、個別の事例に耳を傾けつつも、対象となる人々やコミュニティがグループとして①緊急支援（取り敢えず明日生き延びられるようにする）、②生活復興（衣食住の確保）、③自立再建（雇用

の確保）のいずれの段階にあるかを見極めた上で、そのコンテキストに合致する形で、限られた資源で何を実現したいのかを明確にすることだった。

◎一家を危機に陥れる脆弱性の元をいかに減らしていくか

　職場から家までが遠い、軽い慢性疾患がある、家がトタンなので隙間風が入る、食い扶持には困っていないけれど、肉体労働・単純作業ばかり……こうした日常的なちょっとした「不便」が、災害や事件に巻き込まれた結果、自立再建の長期間にわたる妨げになり得ることが、3ヶ月間、さまざまなケースを定点観測していく中で、クッキリと浮かび上がった。

　いざというときにアクセスできる保険制度や失業手当などの公的セーフティーネットを国レベルで整備・更改していくことは、途上国・先進国問わず重要な課題だ。これに加えて、個人レベル・地域レベルでの日常的な予防（防災・公衆衛生・食習慣改善）や投資（住宅投資・スキル・アップ）を促す取り組みが、個人そして地域の危機への耐久力向上に貢献するだろう。

この国で僕が学んだこと

　以上、被災地における個人的な活動の経緯と内容、成果と教訓について共有してきた。そして今、僕はブラモンバリアやノアカリで出会った人々の表情、交わした言葉、その時生じた心の動きの一つ一つを見つめ直している。僕が友人たちの力を借りて無我夢中で取り組んだ一連の活動は「弱者への支援」だったのだろうか？　きっと違う。実際、僕が出会った人々は、確かに困ってはいたが、弱い人たちでは決してなかった。突然の人災・天災により家族や家財を失ってなお、そして、酷暑や暴風雨に見舞われる中でのテント暮らしという環境において、怒りや悲しみに身を任せるのではなく、起こったことを受け入れ、その上で、家族を守るために手足を動かし、前に進もうとする、そんな人たちにだった。そんな彼らの姿勢や子供たちの屈託のない笑顔、あるいは、「困っているんだからお金をくださいよ！」とひるむことなく迫ってくる姿を見るにつけ、僕が同じ状況にあったら、果たして

同じような強さを持ち続けられるだろうか、と何度も思った。そして、ブラモンバリア、ノアカリでの活動は、そんな強くて優しい普通の人たちが、不幸にして直面した困難を、僕がつないだ共感と元手をきっかけにして乗り切ってくための、共同作業であったのだろうと思う。

　振り返って、本書の第一章での問題提起は、「バングラデシュは本当に最貧国なのか？」だった。確かに一人当たりの国民所得という数字で他国と比較すれば、バングラデシュは「最貧国」だ。しかし、実際この国には、数字や他との比較では表しきれない多くの強みがあり、また課題がある。これはバングラデシュに限ったことではなく、世界中の国々やコミュニティ、そして人々も同じなのだろう。そして、バングラデシュのさまざまな現場で数多くの固有名詞との出会いに恵まれた２年間を終えた今、僕は「貧困」や「弱者」という一般名詞を使うことに以前よりも慎重になっているような気がする。なぜなら、こうした言葉は、多様な側面を持つ人、コミュニティ、そして国を一括りにした上で、他との比較とともに表現するものであるがゆえに、自分自身の中から、「対象をできる限り曇りのない目で、その"ありのまま"を観察しよう」という好奇心を失わせ、自分が向き合おうとしている対象への深い理解を試みないままに、「良い／悪い」、「貧しい／裕福」といったパターン化した判断に自分を誘い込むように思うからだ。対象への好奇心を失った者や、先入観に基づいて拙速な判断に傾く者が、対象への「支援」に乗り出そうとする時、そこには、誤解や依存が生まれる。そして、誤解や依存に基づく支援や関与が、望ましい結果を生むことは、少なくとも長期的にはない。

　世界銀行職員としての仕事、そしてその合間を縫って右往左往しながら現場を回った経験など、バングラデシュでの時間や出会いの一つ一つが、国づくりの担い手として欠かすことのできない、こうした気付きを僕に刻んでくれたのだとしたら、僕は、この国と、この国で出会ったすべての人たちに、深く感謝をしなければならない。

epilogue | Embracing invaluable lessons

計り知れない学びを胸に抱きながら

　2013年7月5日。飛行機はダッカ国際空港の滑走路を蹴って大空へと舞い上がった。翼は僕を次なる目的地、世銀本部のあるワシントンDCへと運ぶ。急速に小さくなっていくダッカの町並みを眺めながら、2年間の赴任を終えた僕は、クラクションやリキシャのベルが鳴り響く、あの無秩序な往来と、自分との距離が離れていくのを感じていた。高度を上げた機体の下にはベンガルの大地が広がっている。雨季には国土の3分の1が水没すると言われるバングラデシュ。実際、眼下に広がるその大地は、幾つもの巨大な水溜りを蓄え、その水面が映す無数の太陽が、眩いきらめきで大空を照らしていた。

　そんな地上の太陽に見送られながら、僕は、自分がこの国に残した小さな足跡と、この土地での出会いや経験が僕に与えた計り知れないインパクトを反芻していた。余りにも濃密だったバングラデシュでの経験のエッセンスを、何とか抽出できないだろうか？　そのエッセンスを、源泉となった物語とともに、鮮度が失われないうちに「真空パック」に閉じ込めて、届けることはできないだろうか？　国境を越えて日本へ、時空を超えて将来の自分へ……

　そんな想いが形になった本書『バングラデシュ国づくり奮闘記』では、プロローグで示した国づくりを前に進める上で

大切な3つの力——「革新する力（innovation）」、「協働する力（collaboration）」、「力を引き出す力（empowerment）」——これらを、僕がバングラデシュで体験した忘れがたい"固有名詞との出会い"をもとに綴ってきた。バングラデシュのような途上国を「developing country」、日本のような先進国を「developed country」と表現するが、個人個人が3つの力を瑞々しく保ち続けることができれば、そうした個人がつくるコミュニティ、組織そして国家は、いつまでもdeveloping、つまり成長を続けられるのだろうと僕は信じている。そして、バングラデシュでの時間や出会いが、僕の内にある3つの力を高めてくれたと信じつつ、日本で、そしてグローバルに、国づくりによりいっそう貢献できる人材と成れるよう、僕自身も成長を続けたい。終わりのないエキサイティングな旅の途上で出会ってきた、そして、これからも出会うであろう、同じ志を持つ仲間とともに。

　もちろん、成長のものさしは時代を経て変わり得る。人間の成長を計る尺度が、身長や体重、そして学歴や所得といった数字に表しやすいものから、判断力や謙虚さ、そして奉仕の精神といった数字で表しがたい「徳」へと変遷していくように。その点、今までの人生で味わったことがなかったほどの葛藤と迷いに苛まれたバングラデシュでの時間は、僕に、ある大切な事柄の意味を教えてくれた時間でもあった。

　それは、「受け入れる」ということ。

　これまでの人生、自分や自己を取り巻く現状を変えるべく目標を立て、それを実現することを「成長」や「幸せ」と定義してきた僕にとって、「受け入れる」という言葉は、妥協、安逸、諦念といったことばと同義で、後ろ向きな「受け入れがたい」発想だった。そんな自分が、世銀という不慣れな組織、バングラデシュという未知の国で、思い通り事が運ばない現実を前に、七転八倒を続けた時間を経た今、「受け入れる」とは、積極的で能動的な行為であるという気付きに至っている。

「受け入れる」こと。

　それは、自分を相対化する行為だ。自分中心に物事を捉えているうちは、他者や環境を受け入れることはできない。

　それは、透徹した眼差しで、対象や状況を見据える行為だ。他者や環境について、「良い／悪い」の判断に飛びつく前に、好奇心を持って、ありのままを観察する姿勢だ。

　それは、今、自分が関わっている対象、自身が置かれた状況と、正面から向き合う姿勢だ。眼前に数多用意されているかに見える、あるいは、過去の自分が手にできたかもしれない選択肢に心を奪われているうちは、目の前の現実を受け入れることはできない。

　他者、環境、あるいは現実を「受け入れる」と、ある豊かさ、美しさに満ちた新しい感覚が眼前に広がる。それは感謝、好奇心、学びの意欲、あるいは、愛情。一時、事が思い通り運ばなくても、焦らず腐らず、時々の状況を楽しむ心の余裕。そして、気付くと、他者や環境に、自分自身が受け入れられている、という現象だ。

　日本で生活をしていたのでは直面することがなかったかもしれない、こうした問いと向き合い、それを通じて、新しい気付きを得ることができたこうしたプロセスを、僕は将来振り返って「成長」と呼ぶのだろうか。その意味では、この物語は、成長期にあるバングラデシュという国家の国づくり奮闘記であると同時に、池田洋一郎という日本で育った人間が、世界銀行という国際機関での仕事、バングラデシュという馴染みの薄い国での生活という、二つの「遠征試合」を戦う過程で経験した、葛藤と成長の軌跡なのかもしれない。

　本書の締めくくりに、必ずしも楽な事ばかりではなかったバングラデシュでの2年間を通じて、陰に陽に僕を支え、力付け、叱ってくださった大勢の皆さん——バングラデシュの都市や農村、スラムで今を生き抜く市井の人々、そんな人々

と寄り添い草の根の変化を巻き起こすNGO職員や青年海外協力隊員、リスクをとって無から有を生み出すアニマル・スピリットに満ちた起業家たち、志高く国づくりに挑むバングラデシュの公務員や政治家の皆さん、そんな彼らの頼りがいあるパートナー足らんとする世銀、JICA、そして国連など開発機関の同僚たち、日本の高い技術力・サービス精神・職業倫理をもってバングラデシュ市場を開拓するアツいビジネス・パーソン、僕をバングラデシュに送り出してくれた日本政府や世銀日本理事室の上司や同僚、ノアカリ・ブラモンバリアでの活動にカンパや応援のメッセージをくださった友人たち、辛抱強く僕のベンガル語学習を助けてくれた褒め上手なスーザン先生、僕の生活を支えてくれた運転手のシラージ・バイやコックさんのナレッシュ・バイとその家族、そして、一作目に引き続き出版の機会をいただいた原田英治社長率いる"夢を応援するパブリッシャー"英治出版の皆さんと丁寧な校正と編集で文章のクオリティをグンと高めてくださった編集者の高野達成さん——

　皆さんに心から伝えたい。

「オネク・ドンノバート（どうもありがとうございました）!!」

2013年9月
ダッカとつながったワシントンD.C.の秋空の下で
池田洋一郎
本書を、かけがえのない妻 理香と、息子 隆誠に捧げる

著者

池田 洋一郎
Yoichiro Ikeda

1977年タイ・バンコク生まれ。2001年に早稲田大学政治経済学部を卒業、財務省に入省。主計局、広島国税局、金融庁を経て2006年秋よりハーバード大学ケネディスクールに留学、2008年6月に公共政策学修士号を取得・卒業。以後、財務省国際局にて、世界金融危機への対応、世銀と日本の協働プログラムの企画・立案等の担当として活躍。

2011年夏より世界銀行に出向。バングラデシュ現地事務所での2年間の勤務を経て、現在ワシントンの本部にて、世銀をより成果重視の機関とするための組織改革に従事。

公務の傍ら、「官民協働ネットワークCrossover21」を2001年に創設。官と民、営利と非営利、年齢や国境、あるいは前例や先入観等、様々な壁を乗り越える力を高め、社会問題解決に向けた協働のきっかけを創り出すための勉強会、討論会等を代表として多数主催。

著書に『ハーバード・ケネディスクールからのメッセージ──世界を変えてみたくなる留学』(英治出版) がある。

● 英治出版からのお知らせ

本書に関するご意見・ご感想を E-mail（editor@eijipress.co.jp）で受け付けています。
また、英治出版ではメールマガジン、ブログ、ツイッターなどで新刊情報やイベント情報
を配信しております。ぜひ一度、アクセスしてみてください。

メールマガジン：会員登録はホームページにて
ブログ　　　　：www.eijipress.co.jp/blog/
ツイッター ID ：@eijipress
フェイスブック：www.facebook.com/eijipress

バングラデシュ国づくり奮闘記
アジア「新・新興国」から日本へのメッセージ

発行日	2013 年 10 月 31 日　第 1 版　第 1 刷
著者	池田洋一郎（いけだ・よういちろう）
発行人	原田英治
発行	英治出版株式会社 〒150-0022 東京都渋谷区恵比寿南 1-9-12 ピトレスクビル 4F 電話　03-5773-0193　　FAX　03-5773-0194 http://www.eijipress.co.jp/
プロデューサー	高野達成
スタッフ	原田涼子　岩田大志　藤竹賢一郎　山下智也　杉崎真名 鈴木美穂　下田理　原口さとみ　山本有子　中野瞳
印刷・製本	大日本印刷株式会社
装丁	英治出版デザイン室

Copyright © 2013 Yoichiro Ikeda
ISBN978-4-86276-173-6　C0036　Printed in Japan
本書の無断複写（コピー）は、著作権法上の例外を除き、著作権侵害となります。
乱丁・落丁本は着払いにてお送りください。お取り替えいたします。